Mohamed Lamine KABA

Le Léviathan de Hobbes

Mohamed Lamine KABA

Le Léviathan de Hobbes

Une philosophie de la puissance et de l'ordre

Dictus Publishing

Imprint
Any brand names and product names mentioned in this book are subject to trademark, brand or patent protection and are trademarks or registered trademarks of their respective holders. The use of brand names, product names, common names, trade names, product descriptions etc. even without a particular marking in this work is in no way to be construed to mean that such names may be regarded as unrestricted in respect of trademark and brand protection legislation and could thus be used by anyone.

Cover image: www.ingimage.com

Publisher:
Dictus Publishing
is a trademark of
Dodo Books Indian Ocean Ltd. and OmniScriptum S.R.L publishing group

120 High Road, East Finchley, London, N2 9ED, United Kingdom
Str. Armeneasca 28/1, office 1, Chisinau MD-2012, Republic of Moldova, Europe
Printed at: see last page
ISBN: 978-613-7-35757-6

Mohamed Lamine KABA

Le Léviathan de Hobbes

Une philosophie de la puissance et de l'ordre

Prologue

Dans un monde où la puissance et l'ordre sont souvent présentés comme les seuls garants de la paix et de la sécurité, il est essentiel de se pencher sur les fondements philosophiques qui sous-tendent ces concepts. C'est dans ce contexte que nous nous proposons d'explorer la pensée de Thomas Hobbes, philosophe anglais du XVIIe siècle, qui a élaboré une théorie de la souveraineté et du contrat social qui continue d'influencer la pensée politique moderne.

A travers ces pages, nous allons vous emmener dans un voyage au cœur de la philosophie de Hobbes, pour comprendre comment il a conçu la puissance et l'ordre comme les clés de voûte de la société. Nous allons examiner les forces et les faiblesses de sa théorie, et voir comment elle s'applique aux défis de notre époque.

Nous vous invitons à nous suivre dans cette exploration de la pensée de Hobbes, pour découvrir comment sa philosophie de la puissance et de l'ordre peut nous aider à mieux comprendre le monde dans lequel nous vivons aujourd'hui.

Dédicace

A ma chère Mère Saran KOUROUMA

Introduction

Le *Léviathan*, publié en 1651 par Thomas Hobbes, est l'un des textes les plus influents de la philosophie politique moderne. Dans cet ouvrage, Hobbes présente une vision radicale de l'Etat et de la société, qui a profondément marqué la pensée politique occidentale.

Né en 1588 en Angleterre, Hobbes a vécu une époque de troubles et de guerres civiles, qui l'ont conduit à réfléchir sur les fondements de l'ordre social et politique. Son expérience de la guerre civile anglaise et de la montée de l'absolutisme en Europe l'a amené à chercher une solution à la violence et à l'instabilité qui caractérisaient son époque.

Le *Léviathan* est le fruit de cette réflexion. Dans cet ouvrage, Hobbes présente une théorie de l'Etat qui repose sur l'idée d'un contrat social entre les individus, qui abandonnent une partie de leur liberté naturelle pour bénéficier de la sécurité et de la protection offertes par l'Etat. Le souverain, qui incarne l'Etat, détient une puissance absolue et incontestée, qui lui permet de maintenir l'ordre et la paix.

Mais le *Léviathan* est plus qu'une simple théorie de l'Etat. C'est une réflexion profonde sur la nature humaine, la société et la politique. Hobbes y explore les tensions entre la liberté et la sécurité, l'individu et la communauté, la raison et la passion.

Ce livre se propose d'explorer les idées principales du *Léviathan*, de les situer dans leur contexte historique et de les analyser à la lumière de la pensée politique moderne. Nous verrons comment Hobbes a élaboré sa théorie de l'Etat, comment il a répondu aux défis de son époque et comment ses idées ont influencé la pensée politique ultérieure.

Chapitre 1 : L'état de nature

Dans le *Léviathan*, Hobbes commence par décrire l'état de nature, c'est-à-dire l'état dans lequel les hommes se trouveraient s'ils n'étaient pas soumis à l'autorité d'un Etat. Selon Hobbes, l'état de nature est un état de « guerre de tous contre tous », où chaque individu lutte pour sa survie et son intérêt personnel.

Hobbes décrit l'état de nature comme un état de « guerre perpétuelle », où les hommes sont constamment en danger de mort. Il argue que, dans cet état, il n'y a pas de sécurité, pas de propriété, pas de justice, et pas de loi. Les hommes sont libres de faire ce qu'ils veulent, mais cette liberté est illusoire, car elle est constamment menacée par la violence et la mort.

Hobbes soutient que l'état de nature est un état de misère et de peur, où les hommes sont contraints de vivre dans la constante anxiété de la mort. Il argue que, pour échapper à cet état, les hommes doivent créer un Etat qui leur fournisse une sécurité et une protection.

Dans cet état de nature, Hobbes identifie trois causes de conflit :

a. La compétition pour les ressources ;
b. La diffidence (c'est-à-dire la méfiance mutuelle) ;
c. La gloire (c'est-à-dire le désir de reconnaissance et de pouvoir).

Hobbes soutient que ces causes de conflit sont inhérentes à la nature humaine et qu'elles ne peuvent être éliminées que par la création d'un Etat qui impose une autorité supérieure.

Le chapitre 1 de *Léviathan* décrit l'état de nature comme un état de guerre perpétuelle, où les hommes sont constamment en danger de mort et où il n'y a pas de sécurité, de propriété, de justice, ni de loi. Comme indiqué plus haut, Hobbes argue que, pour échapper à cet état, les hommes doivent créer un Etat qui leur fournisse une sécurité et une protection. Passons en revue les trois éléments susmentionnés.

a. La compétition pour les ressources

Selon Hobbes, la première cause de conflit dans l'état de nature est la compétition pour les ressources. Les hommes ont des besoins et des désirs qui ne peuvent être satisfaits que par l'accès à des ressources limitées, telles que la nourriture, l'eau, le territoire, etc. Cette compétition pour les ressources crée une situation de rivalité et de tension entre les individus, qui peuvent conduire à la violence et à la guerre.

Hobbes argue que, dans l'état de nature, les hommes sont constamment en compétition pour les ressources, car il n'y a pas de mécanisme pour réguler l'accès à ces ressources. Chacun cherche à s'approprier les ressources pour lui-même, sans se soucier des besoins et des droits des autres. Cela crée une situation de « chaos » et de « guerre de tous contre tous », où les plus forts l'emportent sur les plus faibles.

Par exemple, si deux hommes veulent la même terre pour cultiver, ils peuvent entrer en conflit pour l'obtenir. Si un homme veut la nourriture que possède un autre homme, il peut essayer de la lui prendre par la force. Cela montre que la compétition pour les ressources est une source de conflit et de violence dans l'état de nature.

Hobbes soutient que, pour éviter cette compétition destructrice, les hommes doivent créer un Etat qui régule l'accès aux ressources et qui protège les droits de chacun. Cela permettrait de mettre fin à la guerre de tous contre tous et de créer une situation de paix et de sécurité.

b. La diffidence (c'est-à-dire la méfiance mutuelle)

Selon Hobbes, la diffidence est une autre cause de conflit dans l'état de nature. Les hommes sont naturellement méfiants les uns envers les autres, car ils ne peuvent pas être sûrs des intentions des autres. Cette méfiance mutuelle crée une atmosphère de suspicion et de peur, qui peut facilement dégénérer en violence.

Hobbes argue que la diffidence est une conséquence de la nature humaine, qui est caractérisée par la compétition et la lutte pour la survie. Les hommes sont constamment en train de se demander ce que les autres peuvent vouloir, et ils sont prêts à se défendre contre toute menace potentielle.

La diffidence est également alimentée par le fait que les hommes sont égaux dans l'état de nature. Personne n'a d'avantage naturel sur les autres, ce qui signifie que chacun est capable de nuire à autrui. Cette égalité crée une situation de tension et de méfiance, car chacun sait que les autres peuvent être une menace pour sa sécurité.

Hobbes soutient également que la diffidence est un obstacle majeur à la paix et à la coopération dans l'état de nature. Les hommes sont tellement méfiants les uns envers les autres qu'ils ne peuvent pas travailler ensemble pour atteindre des objectifs communs. Au lieu de cela, ils sont constamment en train de se battre pour leur survie et leur sécurité.

On peut donc déduire que la diffidence est une cause de conflit dans l'état de nature, car les hommes sont naturellement méfiants les uns envers les autres. Cette méfiance mutuelle crée une atmosphère de suspicion et de peur, qui peut facilement dégénérer en violence. La diffidence est un obstacle majeur à la paix et à la coopération dans ce que Hobbes appelle « l'état de nature ».

c. La gloire (c'est-à-dire le désir de reconnaissance et de pouvoir)

Selon Hobbes, la gloire est un autre facteur qui contribue aux conflits dans l'état de nature. Les hommes ont un désir naturel de reconnaissance et de pouvoir, qui les pousse à chercher à dominer les autres. Ce désir de gloire est une source de conflit, car les hommes sont prêts à lutter pour obtenir la reconnaissance et le pouvoir qu'ils désirent.

Hobbes déduit à cet effet que le désir de gloire est une caractéristique fondamentale de la nature humaine. Les hommes veulent être reconnus et admirés par les autres, et ils sont prêts à faire tout ce qui est nécessaire pour obtenir cette reconnaissance. Cela peut les conduire à chercher à dominer les autres, à les surpasser et à les éclipser.

La gloire est également liée à la compétition et à la lutte pour la survie dans l'état de nature. Les hommes qui réussissent à obtenir de la gloire et du pouvoir sont considérés comme les plus forts et les plus capables, ce qui leur donne un avantage dans la lutte pour la survie.

Cependant, Hobbes soutient que le désir de gloire est également une source de problèmes. Les hommes qui sont obsédés par la gloire sont prêts à faire tout ce qui est nécessaire pour l'obtenir, même si cela signifie nuire aux autres. Cela peut conduire à des conflits violents et à des guerres, car les hommes sont prêts à lutter pour obtenir la reconnaissance et le pouvoir qu'ils désirent.

On peut donc dire que la gloire est un facteur qui contribue à la résurgence des conflits dans l'état de nature, car les hommes ont un désir naturel de reconnaissance et de pouvoir. Ce désir de gloire peut les conduire à chercher à dominer les autres et à lutter pour obtenir la reconnaissance et le pouvoir qu'ils désirent. Cela peut conduire à des conflits violents et à des guerres.

Le chapitre 1 de *Léviathan* de Hobbes décrit l'état de nature comme un état de guerre perpétuelle, où les hommes sont constamment en danger de mort et où il n'y a pas de sécurité, de propriété, de justice, ni de loi. Les trois causes de conflit identifiées par Hobbes - la compétition pour les ressources, la diffidence et la gloire - sont inhérentes à la nature humaine et contribuent à cet état de guerre.

Hobbes infère que, pour échapper à cet état de nature, les hommes doivent créer un Etat qui leur fournisse une sécurité et une protection. Cet Etat doit être capable de maintenir la paix et l'ordre, et de protéger les citoyens contre la violence et la mort. C'est-à-dire, assurer l'ordre à l'intérieur et la puissance à l'extérieur de ses frontières aériennes, terrestres et maritimes.

La description de l'état de nature par Hobbes est sombre et pessimiste, mais elle sert de fondement à sa théorie de l'Etat et de la souveraineté. Dans les chapitres suivants, Hobbes développera sa théorie de l'Etat et expliquera comment il peut être créé et maintenu.

Ce chapitre pose donc les bases de la philosophie politique de Hobbes, qui repose sur l'idée que l'Etat est nécessaire pour maintenir la paix et la sécurité dans une société. Cette idée aura une influence profonde sur la pensée politique moderne et continuera à être débattue par les philosophes et les politologues aujourd'hui.

1. La description de l'état de nature selon Hobbes

Selon Hobbes, l'état de nature est un état de guerre perpétuelle, où les hommes sont constamment en danger de mort. Il décrit cet état comme un état de « guerre de tous contre tous », où chaque homme est ennemi de chaque autre homme.

Il soutient que, dans l'état de nature, les hommes sont égaux et ont les mêmes droits. Cependant, cette égalité est également une source de conflit, car les hommes sont en concurrence les uns avec les autres pour les ressources et les avantages.

Hobbes décrit les caractéristiques de léEtat de nature comme suit :

- Il n'y a pas de loi ni de gouvernement pour réguler les comportements des hommes ;
- Les hommes sont libres de faire ce qu'ils veulent, mais cette liberté est illusoire, car elle est constamment menacée par la violence et la mort ;
- Les hommes sont constamment en danger de mort, car ils sont exposés aux attaques des autres hommes ;
- Il n'y a pas de propriété ni de droits, car les hommes sont constamment en train de lutter pour les ressources et les avantages ;
- Il n'y a pas de justice ni de punition pour les crimes, car il n'y a pas de loi ni de gouvernement pour les appliquer.

Il soutient dès lors que l'état de nature est un état de misère et de peur, où les hommes sont constamment en train de lutter pour leur survie. Il conclut que, pour échapper à cet état, les hommes doivent créer un gouvernement qui les protège et qui maintient l'ordre et la paix.

2. La guerre de tous contre tous et l'absence de sécurité

Selon Hobbes, l'état de nature est caractérisé par une guerre de tous contre tous, où chaque homme est ennemi de chaque autre homme. Cette guerre est causée par la compétition pour les ressources et les avantages, ainsi que par la méfiance et la peur mutuelles.

Il décrit cette guerre comme une situation où :

- Chaque homme est constamment en danger de mort, car il est exposé aux attaques des autres hommes ;
- Il n'y a pas de sécurité, car il n'y a pas de gouvernement pour protéger les hommes des attaques ;
- Les hommes sont obligés de se défendre eux-mêmes, ce qui les conduit à une situation de guerre perpétuelle ;
- La vie est « solitaire, pauvre, désagréable, brutale et courte », car les hommes sont constamment en train de lutter pour leur survie.

C'est pourquoi, Hobbes soutient que cette guerre de tous contre tous est causée par la nature humaine, qui est caractérisée par la compétition, la méfiance et la peur. Il déduit que, pour échapper à cette situation, les hommes doivent créer un gouvernement qui les protège et qui maintient l'ordre et la paix.

L'absence de sécurité est donc une caractéristique fondamentale de l'état de nature, selon Hobbes. Les hommes sont constamment en danger, et ils doivent se défendre eux-mêmes pour survivre. Cette situation conduit à une vie de misère et de peur, où les hommes sont obligés de lutter constamment pour leur survie.

3. Les lois de la nature et la nécessité d'un contrat social

Selon Thomas Hobbes, les lois de la nature sont des principes rationnels qui dictent comment les hommes doivent se comporter pour survivre et pour éviter la guerre de tous contre tous. Ces lois incluent :

- La loi de la self-préservation, qui dicte que les hommes doivent faire tout ce qui est nécessaire pour survivre ;
- La loi de la paix, qui dicte que les hommes doivent chercher la paix et éviter la guerre ;
- La loi de la gratitude, qui dicte que les hommes doivent être reconnaissants envers ceux qui les ont aidés.

Cependant, il soutient que ces lois de la nature ne sont pas suffisantes pour maintenir la paix et l'ordre dans la société. Il infère que, pour que les hommes respectent ces lois, il est nécessaire de créer un contrat social qui les oblige à se soumettre à un gouvernement commun.

Le contrat social est donc un accord entre les hommes par lequel ils abandonnent une partie de leur liberté naturelle pour bénéficier de la sécurité et de la protection offertes par le gouvernement. En échange de cette sécurité, les hommes s'engagent à respecter les lois et les décisions du gouvernement.

Hobbes soutient que le contrat social est nécessaire pour plusieurs raisons :

- Il permet de créer un gouvernement qui peut maintenir l'ordre et la paix dans la société ;
- Il permet de protéger les hommes contre la violence et la mort ;
- Il permet de promouvoir la coopération et la mutualité entre les hommes.

On peut donc dire que les lois de la nature sont des principes rationnels qui dictent comment les hommes doivent se comporter pour survivre et pour éviter la guerre de tous contre tous. Cependant, ces lois ne sont pas suffisantes pour maintenir la paix et l'ordre dans la société, et il est nécessaire de créer un contrat social pour obliger les hommes à se soumettre à un gouvernement commun.

Le chapitre 1 de *Léviathan* de Thomas Hobbes présente une vision pessimiste de la nature humaine et de l'état de nature. Selon lui, les hommes sont égaux et ont les mêmes droits, mais cette égalité est également une source de conflit. Dans l'état de nature, les hommes sont en guerre perpétuelle, et leur vie est « solitaire, pauvre, désagréable, brutale et courte ». Pour échapper à cet état, les hommes doivent créer un gouvernement qui les protège et qui maintient l'ordre et la paix. C'est le rôle du *Léviathan*, qui est le symbole du pouvoir souverain. Ce chapitre 1 pose les fondations de la théorie politique de Hobbes, qui sera développée dans les chapitres suivants.

Cette conclusion résume les principaux points du chapitre 1, notamment :

- La vision pessimiste de la nature humaine et de l'état de nature ;
- L'égalité des hommes et la source de conflit qu'elle représente ;
- La nécessité de créer un gouvernement pour échapper à l'état de nature ;
- Le rôle du *Léviathan* comme symbole du pouvoir souverain.

Elle prépare également le terrain pour les chapitres suivants, qui développeront la théorie politique de Hobbes.

Chapitre 2 : Le contrat social

Dans ce chapitre, Hobbes développe sa théorie du contrat social, qui est au cœur de sa philosophie politique. Selon lui, les hommes, pour échapper à l'état de nature et à la guerre perpétuelle, décident de créer un Etat en signant un contrat social.

Il argue que les hommes, dans l'état de nature, sont égaux et ont les mêmes droits. Cependant, ils sont également rationnels et savent que, pour survivre, ils doivent coopérer et créer un Etat qui les protège.

Le contrat social est un accord entre les hommes par lequel ils abandonnent une partie de leur liberté naturelle pour bénéficier de la sécurité et de la protection offertes par l'Etat. En échange de cette sécurité, les hommes acceptent de se soumettre à l'autorité de l'Etat et de respecter ses lois.

Hobbes soutient que le contrat social est un contrat entre les hommes et non entre les hommes et un souverain. Les hommes créent l'Etat pour leur propre protection et non pour servir un souverain.

Le contrat social est également un contrat universel, c'est-à-dire qu'il engage tous les hommes qui le signent. Il crée une communauté politique unie, où tous les membres sont égaux et ont les mêmes droits.

Pour Hobbes, le contrat social est nécessaire pour créer un Etat stable et durable. Sans contrat social, les hommes seraient toujours dans l'état de nature, avec toutes les conséquences négatives qui en découlent.

Ce chapitre développe donc la théorie du contrat social de Hobbes, qui est au cœur de sa philosophie politique. Les hommes, pour échapper à l'état de nature, créent un Etat en signant un contrat social, qui leur offre sécurité et protection en échange de leur soumission à l'autorité de l'Etat.

1. La formation du contrat social et la création de l'Etat

Selon Hobbes, le contrat social est formé lorsque les hommes, pour échapper à l'état de nature et à la guerre perpétuelle, décident de créer un Etat. Ils abandonnent une partie de leur liberté naturelle pour bénéficier de la sécurité et de la protection offertes par l'Etat.

La formation du contrat social se fait en plusieurs étapes :

- Les hommes se réunissent pour discuter de la création d'un Etat et de la manière de le gouverner ;
- Ils décident de choisir un souverain qui les représentera et qui aura le pouvoir de prendre des décisions pour le bien commun ;
- Ils signent un contrat social, qui est un accord entre les hommes et le souverain, par lequel ils abandonnent une partie de leur liberté naturelle pour bénéficier de la sécurité et de la protection offertes par l'Etat.

La création de l'Etat est donc le résultat d'un accord entre les hommes, qui décident de se soumettre à l'autorité d'un souverain pour bénéficier de la sécurité et de la protection. L'Etat est créé pour protéger les droits et les intérêts des citoyens, et pour maintenir l'ordre et la paix dans la société.

Il soutient que le contrat social est un contrat universel, c'est-à-dire qu'il engage tous les hommes qui le signent. Il crée une communauté politique unie, où tous les membres sont égaux et ont les mêmes droits.

La formation du contrat social et la création de l'Etat sont donc les résultats d'un accord entre les hommes, qui décident de se soumettre à l'autorité d'un souverain pour bénéficier de la sécurité et de la protection. L'Etat est créé pour protéger les droits et les intérêts des citoyens, et pour maintenir l'ordre et la paix dans la société.

2. Les droits et les devoirs des citoyens et du souverain

Selon Hobbes, le contrat social crée des droits et des devoirs pour les citoyens et le souverain.

Les droits des citoyens :

- Le droit à la sécurité et à la protection de l'Etat ;
- Le droit à la justice et à l'égalité devant la loi ;
- Le droit à la liberté de culte et de conscience ;
- Le droit à la propriété et à la protection de leurs biens.

Les devoirs des citoyens :

- Le devoir d'obéir aux lois et aux ordres du souverain ;
- Le devoir de payer des impôts et des taxes pour financer l'Etat ;
- Le devoir de servir dans l'armée pour défendre l'Etat ;
- Le devoir de respecter les droits des autres citoyens.

Les droits du souverain :

- Le droit de faire des lois et de les appliquer ;
- Le droit de juger et de punir les criminels ;
- Le droit de faire la guerre et de conclure des traités ;
- Le droit de nommer des fonctionnaires et des juges.

Les devoirs du souverain :

- Le devoir de protéger les citoyens et de maintenir l'ordre et la paix ;
- Le devoir de faire justice et de respecter les droits des citoyens ;
- Le devoir de défendre l'Etat contre les menaces extérieures ;
- Le devoir de respecter les termes du contrat social.

Il soutient que le souverain a un pouvoir absolu, mais qu'il est limité par les termes du contrat social. Le souverain doit respecter les droits des citoyens et faire ce qui est dans l'intérêt du bien commun.

Le contrat social crée alors des droits et des devoirs pour les citoyens et le souverain. Les citoyens ont des droits tels que la sécurité, la justice et la liberté, mais ils ont également des devoirs tels que l'obéissance aux lois et le paiement des impôts. Le souverain a des droits tels que la législation et la justice, mais il a également des devoirs tels que la protection des citoyens et le respect des droits.

3. La souveraineté absolue et la fin de l'Etat de nature

Selon Hobbes, la souveraineté absolue est nécessaire pour mettre fin à l'état de nature et pour établir une paix durable. Le souverain absolu a le pouvoir de faire des lois, de juger et de punir les criminels, et de faire la guerre et de conclure des traités.

Il soutient que la souveraineté absolue est nécessaire pour plusieurs raisons :

- Elle permet de mettre fin à l'état de nature, qui est un état de guerre perpétuelle, et d'établir une paix durable ;
- Elle permet de protéger les citoyens contre les menaces extérieures et intérieures ;
- Elle permet de maintenir l'ordre et la stabilité dans la société ;
- Elle permet de faire respecter les lois et les contrats.

Il conclut que la souveraineté absolue n'est pas une tyrannie, mais plutôt une nécessité pour le bien commun. Le souverain absolu n'est pas au-dessus des lois, mais il est le gardien des lois et il doit les faire respecter.

La fin de l'état de nature est donc une conséquence de la souveraineté absolue. Lorsque les hommes se soumettent à un souverain absolu, ils abandonnent leur liberté naturelle et leur droit de faire la guerre pour obtenir la sécurité et la protection de l'Etat.

La souveraineté absolue est donc nécessaire pour mettre fin à l'état de nature et pour établir une paix durable. Elle permet de protéger les citoyens, de maintenir l'ordre et la stabilité, et de faire respecter les lois et les contrats. La fin de l'état de nature est une conséquence de la souveraineté absolue, et elle marque le début d'une nouvelle ère de paix et de sécurité.

Le chapitre 2 de Léviathan de Thomas Hobbes explore les fondements du contrat social et de la création de l'Etat. Selon Hobbes, les hommes, pour échapper à l'état de nature, décident de créer un gouvernement qui les protège et qui maintient l'ordre et la paix. Ils signent un contrat social, qui est un accord entre les hommes et le souverain, par lequel ils abandonnent une partie de leur liberté naturelle pour bénéficier de la sécurité et de la protection offertes par l'Etat. Ce chapitre montre comment le pouvoir souverain est créé et comment il fonctionne, et il souligne l'importance de la souveraineté absolue pour maintenir l'ordre et la paix dans la société. Enfin, le chapitre pose les fondations de la théorie de la souveraineté de Hobbes, qui sera développée dans les chapitres suivants.

Cette conclusion résume les principaux points du chapitre 2, notamment :

- La création du contrat social et de l'Etat ;
- L'abandon de la liberté naturelle pour bénéficier de la sécurité et de la protection ;
- L'importance de la souveraineté absolue pour maintenir l'ordre et la paix ;
- La théorie de la souveraineté de Hobbes.

Elle prépare également le terrain pour les chapitres suivants, qui développeront la théorie politique de Hobbes et exploreront les implications de la souveraineté absolue.

Chapitre 3 : Le Léviathan

Le *Léviathan* est le symbole du pouvoir souverain, qui est le fondement de l'Etat et de la société civile. Selon lui, le *Léviathan* est un être artificiel, créé par les hommes pour les protéger contre la violence et la mort.

Le Léviathan a les caractéristiques suivantes :

- Il est un être unique, qui concentre le pouvoir souverain entre ses mains ;
- Il est un être artificiel, créé par les hommes pour les protéger ;
- Il est un être puissant, qui peut maintenir l'ordre et la paix dans la société ;
- Il est un être légitime, car il est fondé sur le consentement des citoyens.

Hobbes soutient que le *Léviathan* est nécessaire pour maintenir l'ordre et la paix dans la société, car il permet de :

- Protéger les citoyens contre la violence et la mort ;
- Maintenir la loi et la justice ;
- Défendre la société contre les menaces extérieures ;
- Promouvoir la coopération et la mutualité entre les citoyens.

Cependant, Hobbes argue également que le *Léviathan* peut être un danger pour les citoyens s'il n'est pas contrôlé. Il soutient que le *Léviathan* doit être limité par des lois et des institutions, pour éviter qu'il ne devienne tyrannique.

Le chapitre 3 de *Léviathan* développe la théorie du *Léviathan* de Hobbes, qui est le symbole du pouvoir souverain. Le *Léviathan* est un être artificiel, créé par les hommes pour les protéger, et il doit être légitime et limité pour maintenir l'ordre et la paix dans la société.

1. La métaphore du Léviathan et la représentation de l'Etat

La métaphore du *Léviathan* est au cœur de la théorie politique de Hobbes. Le *Léviathan* est un monstre marin biblique, décrit comme un être puissant et redoutable. Hobbes utilise cette métaphore pour décrire l'Etat, qui est pour lui un être artificiel, créé par les hommes pour les protéger contre la violence et la mort.

Le Léviathan représente l'Etat en ce sens qu'il est :

- Un être unique et puissant, qui concentre le pouvoir souverain entre ses mains ;
- Un être artificiel, créé par les hommes pour les protéger ;
- Un être qui inspire la peur et le respect, car il est capable de maintenir l'ordre et la paix dans la société.

Hobbes utilise la métaphore du *Léviathan* pour souligner la puissance et l'autorité de l'Etat, ainsi que sa capacité à protéger les citoyens contre les menaces extérieures et intérieures. Il argue que l'Etat est nécessaire pour maintenir l'ordre et la paix dans la société, et que les citoyens doivent lui obéir pour bénéficier de sa protection.

La métaphore du *Léviathan* est également utilisée par Hobbes pour décrire la relation entre l'Etat et les citoyens. Les citoyens sont représentés comme des membres du corps du *Léviathan*, qui doivent travailler ensemble pour maintenir la vie et la santé de l'Etat. Si un membre du corps est malade ou blessé, l'Etat tout entier est affecté.

La métaphore du *Léviathan* est une représentation puissante de l'Etat comme un être artificiel, créé par les hommes pour les protéger contre la violence et la mort. Elle souligne la puissance et l'autorité de l'Etat, ainsi que sa capacité à maintenir l'ordre et la paix dans la société.

2. Les attributs du Léviathan : puissance, sagesse, justice

Selon Hobbes, le *Léviathan*, qui représente l'Etat, possède trois attributs fondamentaux : la puissance, la sagesse et la justice.

La puissance du *Léviathan* est sa capacité à maintenir l'ordre et la paix dans la société, en utilisant la force si nécessaire. C'est la puissance qui permet à l'Etat de protéger les citoyens contre les menaces extérieures et intérieures.

La sagesse du *Léviathan* est sa capacité à prendre des décisions éclairées pour le bien commun. C'est la sagesse qui permet à l'Etat de légiférer, de gouverner et de résoudre les conflits de manière juste et équitable.

La justice du *Léviathan* est sa capacité à maintenir la loi et l'ordre, en punissant les criminels et en protégeant les innocents. C'est la justice qui permet à l'Etat de garantir les droits et les libertés des citoyens.

Hobbes infère que ces trois attributs sont nécessaires pour que l'Etat soit efficace et légitime. Si l'Etat manque de puissance, il ne peut pas protéger les citoyens. Si l'Etat manque de sagesse, il prend des décisions qui peuvent être préjudiciables au bien commun. Si l'Etat manque de justice, il ne peut pas garantir les droits et les libertés des citoyens.

Les attributs du *Léviathan* - puissance, sagesse et justice - sont les fondements de l'Etat selon Hobbes. Ils permettent à l'Etat de maintenir l'ordre et la paix, de prendre des décisions éclairées et de garantir les droits et les libertés des citoyens.

3. La relation entre le Léviathan et les citoyens

Selon Hobbes, la relation entre le *Léviathan* (l'Etat) et les citoyens est une relation de subordination. Les citoyens ont abandonné une partie de leur liberté naturelle pour bénéficier de la protection et de la sécurité offertes par l'Etat.

Il décrit cette relation comme un contrat social, où les citoyens consentent à obéir à l'Etat en échange de la protection de leurs vies, de leurs biens et de leur liberté. Les citoyens sont représentés comme des membres du corps du Léviathan, qui doivent travailler ensemble pour maintenir la vie et la santé de l'Etat.

Les citoyens ont des devoirs envers l'Etat, notamment :

- Obéir aux lois et aux décisions de l'Etat ;
- Payer des impôts pour financer les activités de l'Etat ;
- Servir l'Etat en cas de besoin (par exemple, en cas de guerre).

En retour, l'Etat a des devoirs envers les citoyens, notamment :

- Protéger les citoyens contre les menaces extérieures et intérieures ;
- Maintenir l'ordre et la paix dans la société ;
- Garantir les droits et les libertés des citoyens.

Hobbes déduit que cette relation de subordination est nécessaire pour maintenir l'ordre et la paix dans la société. Si les citoyens ne sont pas soumis à l'Etat, ils retomberont dans l'Etat de nature, où la vie est « solitaire, pauvre, désagréable, brutale et courte ».

La relation entre le *Léviathan* et les citoyens est une relation de subordination, où les citoyens abandonnent une partie de leur liberté naturelle pour bénéficier de la protection et de la sécurité offertes par l'Etat. Les citoyens ont des devoirs envers l'Etat, et l'Etat a des devoirs envers les citoyens.

Le chapitre 3 de *Léviathan* de Thomas Hobbes explore la nature de l'Etat et sa relation avec les citoyens. Hobbes utilise la métaphore du Léviathan pour décrire l'Etat comme un être artificiel, créé par les hommes pour les protéger contre la violence et la mort. Il argue que l'Etat doit posséder trois attributs fondamentaux : la puissance, la sagesse et la justice. Enfin, Hobbes décrit la relation entre l'Etat et les citoyens comme une relation de subordination, où les citoyens abandonnent une partie de leur liberté naturelle pour bénéficier de la protection et de la sécurité offertes par l'Etat.

Cette conclusion résume les principaux points du chapitre 3, notamment :

- La métaphore du Léviathan pour décrire l'Etat ;
- Les trois attributs fondamentaux de l'Etat : puissance, sagesse et justice ;
- La relation de subordination entre l'Etat et les citoyens.

Elle prépare également le terrain pour les chapitres suivants, qui exploreront les implications de la théorie de Hobbes sur la nature de l'Etat et la société.

Chapitre 4 : La sécurité et la paix

Selon Hobbes, la sécurité et la paix sont les principaux objectifs de l'Etat. Pour atteindre ces objectifs, l'Etat doit avoir le monopole de la force et de la coercition, ainsi que la capacité de légiférer et de gouverner.

Il conclut que la sécurité est la première loi de la nature, et que les hommes sont prêts à abandonner une partie de leur liberté pour bénéficier de la sécurité offerte par l'Etat. Il soutient également que la paix est le résultat de la sécurité, et que les hommes peuvent vivre en paix les uns avec les autres uniquement si l'Etat maintient l'ordre et la justice.

Pour maintenir la sécurité et la paix, l'Etat doit :

- Protéger les citoyens contre les menaces extérieures et intérieures ;
- Maintenir l'ordre et la justice dans la société ;
- Légiférer et gouverner de manière juste et équitable ;
- Éviter les guerres et les conflits inutiles.

Hobbes soutient également que la sécurité et la paix sont liées à la prospérité et au bien-être des citoyens. Si l'Etat maintient la sécurité et la paix, les citoyens peuvent vivre en sécurité, travailler et prospérer.

Le chapitre 4 de Léviathan de Thomas Hobbes explore la sécurité et la paix comme les principaux objectifs de l'Etat. Hobbes infère que l'Etat doit avoir le monopole de la force et de la coercition, ainsi que la capacité de légiférer et de gouverner pour maintenir la sécurité et la paix. Il soutient également que la sécurité et la paix sont liées à la prospérité et au bien-être des citoyens.

1. La sécurité comme but premier de l'Etat

Selon Hobbes, la sécurité est le but premier de l'Etat. Il argue que les hommes sont naturellement enclins à la guerre et à la violence, et que l'Etat est nécessaire pour les protéger contre ces menaces. La sécurité est donc la première loi de la nature, et les hommes sont prêts à abandonner une partie de leur liberté pour bénéficier de la sécurité offerte par l'Etat.

Hobbes soutient également que la sécurité est le fondement de la société civile, et que sans elle, les hommes retomberaient dans l'état de nature, où la vie est « solitaire, pauvre, désagréable, brutale et courte ». Il déduit que l'Etat doit donc avoir le monopole de la force et de la coercition pour maintenir la sécurité et protéger les citoyens contre les menaces extérieures et intérieures.

La sécurité comme but premier de l'Etat implique que :

- L'Etat doit avoir la capacité de défendre les citoyens contre les menaces extérieures, telles que les attaques d'autres Etats ou les invasions ;
- L'Etat doit maintenir l'ordre et la justice dans la société, pour prévenir les conflits et les violences internes ;
- L'Etat doit protéger les citoyens contre les menaces internes, telles que les crimes et les révoltes.

La sécurité est le but premier de l'Etat selon Hobbes, car elle est nécessaire pour protéger les citoyens contre les menaces extérieures et intérieures, et pour maintenir l'ordre et la justice dans la société.

2. La paix comme conséquence de la souveraineté absolue

Pour Hobbes, la paix est une conséquence directe de la souveraineté absolue de l'Etat. Il déduit que lorsque l'Etat possède une souveraineté absolue, il est capable de maintenir l'ordre et la justice dans la société, ce qui conduit à la paix.

Hobbes soutient que la souveraineté absolue est nécessaire pour la paix car :

- Elle permet à l'Etat de prendre des décisions sans être contesté, ce qui évite les conflits et les divisions ;
- Elle donne à l'Etat le pouvoir de punir les criminels et de réprimer les révoltes, ce qui maintient l'ordre et la justice ;
- Elle permet à l'Etat de réguler les relations entre les citoyens, ce qui prévient les conflits et les violences.

La paix comme conséquence de la souveraineté absolue implique que :

- Les citoyens sont protégés contre les menaces extérieures et intérieures ;
- Les conflits et les violences sont réduits ou éliminés ;
- Les citoyens peuvent vivre en sécurité et prospérer.

Hobbes argue également que la souveraineté absolue est la seule façon de garantir la paix durable, car elle évite les divisions et les conflits qui peuvent surgir lorsque le pouvoir est partagé ou contesté.

La paix est une conséquence directe de la souveraineté absolue de l'Etat selon Hobbes, car elle permet à l'Etat de maintenir l'ordre et la justice, de punir les criminels et de réguler les relations entre les citoyens, ce qui conduit à la paix et à la sécurité.

3. La critique de la guerre et de la violence

Hobbes critique la guerre et la violence comme moyens de résoudre les conflits et de maintenir l'ordre. Il infère que la guerre est contraire à la raison et à la nature humaine, car elle conduit à la destruction et à la mort.

Selon Hobbes, la guerre est :

- Un état de nature, où les hommes sont en conflit les uns avec les autres, sans règles ni limites ;
- Une source de souffrance et de mort, qui détruit les communautés et les sociétés ;
- Un moyen inefficace de résoudre les conflits, car elle conduit à de nouveaux conflits et à une spirale de violence.

Il soutient que la violence est également contraire à la raison et à la nature humaine, car elle :

- Détruit les relations entre les hommes et les communautés ;
- Crée un climat de peur et de méfiance ;
- Conduit à une spirale de violence et de vengeance.

Au lieu de la guerre et de la violence, Hobbes propose la souveraineté absolue de l'Etat comme moyen de maintenir l'ordre et la paix. Il argue que l'Etat doit avoir le monopole de la force et de la coercition pour prévenir les conflits et les violences.

Hobbes critique donc la guerre et la violence comme moyens de résoudre les conflits et de maintenir l'ordre, car ils sont contraires à la raison et à la nature humaine, et conduisent à la destruction et à la mort. Il propose la souveraineté absolue de l'Etat comme moyen de maintenir l'ordre et la paix.

Le chapitre 4 de Léviathan de Thomas Hobbes explore les concepts de sécurité, de paix et de liberté dans le contexte de l'Etat. Hobbes argue que la sécurité est le but premier de l'Etat, et que la paix est une conséquence directe de la souveraineté absolue. Il critique la guerre et la violence comme moyens de résoudre les conflits et de maintenir l'ordre, et propose la souveraineté absolue de l'Etat comme moyen de maintenir la paix et la sécurité. Enfin, Hobbes explore la relation entre la liberté et l'obéissance, soutenant que la liberté individuelle est possible uniquement dans le cadre d'un Etat qui maintient l'ordre et la paix, et que l'obéissance à l'Etat est nécessaire pour protéger cette liberté.

Cette conclusion résume les principaux points du chapitre 4, notamment :

- La sécurité comme but premier de l'Etat ;
- La paix comme conséquence de la souveraineté absolue ;
- La critique de la guerre et de la violence ;
- La relation entre la liberté et l'obéissance.

Elle prépare également le terrain pour les chapitres suivants, qui exploreront les implications de la théorie de Hobbes sur la nature de l'Etat et la société.

Chapitre 5 : La liberté et l'obéissance

Pour Hobbes, la liberté et l'obéissance sont deux concepts qui semblent contradictoires, mais qui sont en réalité liés. Il argue que la liberté individuelle est possible uniquement dans le cadre d'un Etat qui maintient l'ordre et la paix, et que l'obéissance à l'Etat est nécessaire pour protéger cette liberté.

Il soutient que la liberté individuelle est :

- La capacité de faire des choix et d'agir sans être contraint par les autres ;
- La capacité de poursuivre ses propres intérêts et ses propres objectifs ;
- La capacité de vivre sa vie comme on l'entend.

Cependant, Hobbes argue également que la liberté individuelle est limitée par la nécessité de maintenir l'ordre et la paix dans la société. Il soutient que l'Etat doit avoir le pouvoir de réguler les actions des individus pour prévenir les conflits et les violences.

L'obéissance à l'Etat est donc nécessaire pour :

- Maintenir l'ordre et la paix dans la société ;
- Protéger la liberté individuelle ;
- Garantir la sécurité et la prospérité des citoyens.

Hobbes soutient que l'obéissance à l'Etat n'est pas une limitation de la liberté individuelle, mais plutôt une condition nécessaire pour que cette liberté soit possible. Il argue que les individus doivent accepter de limiter leur liberté pour bénéficier de la protection et de la sécurité offertes par l'Etat.

Le chapitre 5 de Léviathan de Thomas Hobbes explore la relation entre la liberté et l'obéissance. Hobbes soutient que la liberté individuelle est possible uniquement dans le cadre d'un Etat qui maintient l'ordre et la paix, et que l'obéissance à l'Etat est nécessaire pour protéger cette liberté.

1. La liberté individuelle et ses limites

La liberté individuelle est un concept central dans la philosophie de Hobbes. Il la définit comme la capacité de faire des choix et d'agir sans être contraint par les autres. Cependant, Hobbes reconnaît également que la liberté individuelle a des limites.

- La liberté individuelle comme capacité de choix

Hobbes soutient que la liberté individuelle est la capacité de faire des choix et d'agir en conséquence. Il argue que les hommes sont libres lorsqu'ils peuvent choisir entre différentes options et agir selon leur volonté.

- Les limites de la liberté individuelle

Cependant, Hobbes reconnaît également que la liberté individuelle a des limites. Il argue que la liberté individuelle est limitée par la nécessité de maintenir l'ordre et la paix dans la société. Il soutient que les individus doivent renoncer à une partie de leur liberté pour bénéficier de la protection de l'Etat.

- Les limites naturelles de la liberté individuelle

Hobbes identifie également des limites naturelles à la liberté individuelle. Il argue que les hommes sont naturellement égoïstes et que cela peut les conduire à entrer en conflit les uns avec les autres. Il soutient que la liberté individuelle est limitée par la nécessité de protéger les autres contre la violence et la mort.

Hobbes conçoit la liberté individuelle comme la capacité de faire des choix et d'agir, mais il reconnaît également que cette liberté a des limites, à la fois en raison de la nécessité de maintenir l'ordre et la paix dans la société, et en raison des limites naturelles de la liberté individuelle.

2. L'obéissance à l'Etat comme condition de la liberté

Hobbes soutient que l'obéissance à l'Etat est une condition nécessaire pour protéger la liberté individuelle. Il argue que l'Etat est le seul moyen de maintenir l'ordre et la paix dans la société, et que sans l'obéissance à l'Etat, la liberté individuelle serait menacée.

- L'obéissance comme moyen de protéger la liberté

Hobbes soutient que l'obéissance à l'Etat permet de protéger la liberté individuelle en :

- ✓ Maintenant l'ordre et la paix dans la société ;
- ✓ Protégeant les individus contre la violence et la mort ;
- ✓ Permettant aux individus de poursuivre leurs propres intérêts et objectifs

- La relation entre l'obéissance et la sécurité

Hobbes argue que l'obéissance à l'Etat est étroitement liée à la sécurité. Il soutient que sans l'obéissance à l'Etat, la sécurité ne pourrait pas être garantie, et que la liberté individuelle serait menacée.

- L'obéissance comme condition de la liberté

Hobbes soutient que l'obéissance à l'Etat est une condition nécessaire pour que la liberté individuelle soit possible. Il argue que sans l'obéissance à l'Etat, la liberté individuelle serait menacée par la violence et la mort.

Hobbes conçoit l'obéissance à l'Etat comme une condition nécessaire pour protéger la liberté individuelle, en maintenant l'ordre et la paix dans la société, en protégeant les individus contre la violence et la mort, et en permettant aux individus de poursuivre leurs propres intérêts et objectifs.

3. La balance entre la liberté et l'obéissance

La liberté et l'obéissance sont deux concepts qui semblent s'exclure mutuellement, mais qui sont en réalité étroitement liés. Selon Hobbes, la liberté individuelle est impossible sans l'obéissance à l'Etat. L'Etat est nécessaire pour maintenir l'ordre et la paix dans la société, et les individus doivent obéir à ses lois et règlements pour bénéficier de cette protection. Cependant, Hobbes reconnaît également que l'obéissance à l'Etat a des limites. Les individus ne doivent pas obéir à des ordres contraires à la loi naturelle ou à la raison, et ils ont le droit de résister à l'oppression et à la tyrannie. Ainsi, la liberté et l'obéissance sont en équilibre, et les individus doivent trouver un compromis entre leurs intérêts individuels et les intérêts collectifs de la société.

- La critique de la liberté absolue :
- ✓ La liberté absolue est impossible dans la société ;
- ✓ La liberté absolue mènerait à la guerre de tous contre tous ;
- ✓ La liberté absolue est incompatible avec la sécurité collective

- La recherche d'un équilibre entre la liberté et l'obéissance :
- ✓ Il est nécessaire de trouver un équilibre entre la liberté individuelle et l'obéissance à l'Etat ;
- ✓ L'équilibre entre la liberté et l'obéissance permet de concilier les intérêts individuels et collectifs ;
- ✓ L'équilibre entre la liberté et l'obéissance est nécessaire pour maintenir l'ordre et la paix dans la société

- Les limites de l'obéissance :
- ✓ L'obéissance à l'Etat a des limites ;

✓ Les individus ne doivent pas obéir à des ordres contraires à la loi naturelle ou à la raison ;

✓ Les individus ont le droit de résister à l'oppression et à la tyrannie.

Hobbes soutient que la liberté et l'obéissance doivent être en équilibre pour maintenir l'ordre et la paix dans la société. Il critique la liberté absolue comme étant impossible et incompatible avec la sécurité collective, et argue que les individus doivent obéir à l'Etat dans la mesure où cela est nécessaire pour maintenir l'ordre et la paix, mais également avoir le droit de résister à l'oppression et à la tyrannie.

Le chapitre 5 a exploré la relation complexe entre la liberté et l'obéissance dans la philosophie de Hobbes. Nous avons vu que Hobbes conçoit la liberté individuelle comme étant étroitement liée à l'obéissance à l'Etat, et que la souveraineté absolue est nécessaire pour maintenir l'ordre et la paix dans la société. Cependant, nous avons également vu que Hobbes reconnaît des limites à l'obéissance et que les individus ont le droit de résister à l'oppression et à la tyrannie. En fin de compte, la liberté et l'obéissance sont en équilibre, et les individus doivent trouver un compromis entre leurs intérêts individuels et les intérêts collectifs de la société. Cette tension entre la liberté et l'obéissance est au cœur de la philosophie politique de Hobbes, et continue d'être pertinente pour les débats actuels sur la nature de la liberté et de la souveraineté.

Chapitre 6 : La critique de la philosophie hobbesienne

La philosophie de Hobbes, bien qu'influente, présente plusieurs faiblesses. Tout d'abord, sa conception de la souveraineté absolue est problématique, car elle ne tient pas compte des droits individuels et peut conduire à la tyrannie. De plus, sa vision pessimiste de la nature humaine est trop simpliste et ne rend pas compte de la complexité de la condition humaine. La théorie du contrat social, qui est centrale dans sa philosophie, est également contestable, car elle repose sur une fiction historique et ne prend pas en compte les dynamiques de pouvoir réelles. Enfin, sa conception de la liberté est trop limitée, car elle ne permet pas aux individus de choisir leur propre chemin de vie. Dans le contexte moderne, la philosophie de Hobbes est donc à la fois influente et limitée, et doit être critiquée pour ses faiblesses.

1. Limites de la souveraineté absolue

La souveraineté absolue, telle que conçue par Hobbes, présente plusieurs limites et faiblesses. Tout d'abord, elle ne tient pas compte des droits individuels, ce qui peut conduire à la tyrannie et à l'oppression. En effet, si le souverain détient un pouvoir absolu, il peut imposer ses propres intérêts et désirs sans tenir compte des besoins et des droits des citoyens.

De plus, la souveraineté absolue peut conduire à la concentration du pouvoir entre les mains d'une seule personne ou d'un seul groupe, ce qui peut entraîner des abus de pouvoir et des violations des droits de l'homme. La séparation des pouvoirs, qui est une caractéristique des démocraties modernes, est ainsi ignorée par Hobbes.

Enfin, la souveraineté absolue est inadaptée aux sociétés modernes, qui sont caractérisées par la diversité, la complexité et la pluralité des intérêts. Les sociétés modernes nécessitent des formes de gouvernement plus flexibles et plus participatives, qui tiennent compte des besoins et des droits de tous les citoyens.

La souveraineté absolue de Hobbes est une conception dépassée et dangereuse, qui ne répond pas aux besoins des sociétés modernes.

2. Critique de la conception de la nature humaine

La conception de la nature humaine de Hobbes est également problématique. Selon Hobbes, les êtres humains sont gouvernés par leurs passions et leurs intérêts égoïstes, et sont en constant conflit les uns avec les autres. Cette vision pessimiste de la nature humaine est trop simpliste et ne rend pas compte de la complexité de la condition humaine.

Tout d'abord, les êtres humains sont capables de coopération et d'empathie, et sont souvent motivés par des désirs de bienveillance et de justice. La conception de Hobbes ignore ces aspects de la nature humaine et ne tient pas compte de la capacité des humains à travailler ensemble pour atteindre des objectifs communs.

De plus, la conception de Hobbes repose sur une vision mécaniste de l'homme, qui le réduit à une simple machine gouvernée par des lois physiques. Cette vision ignore la complexité de la pensée humaine et la capacité des humains à prendre des décisions rationnelles et morales.

Enfin, la conception de Hobbes est également trop individualiste, et ne tient pas compte de l'importance des relations sociales et de la communauté dans la formation de la personnalité humaine. Les humains ne sont pas des isolés, mais des êtres sociaux qui sont influencés par leur environnement et leurs relations avec les autres.

La conception de la nature humaine de Hobbes est trop simpliste et ne rend pas compte de la complexité de la condition humaine. Elle ignore les aspects positifs de la nature humaine, tels que la coopération et l'empathie, et repose sur une vision mécaniste et individualiste de l'homme.

3. Limites de la liberté et de la théorie du contrat social

La conception de la liberté de Hobbes est également limitée. Selon Hobbes, la liberté consiste simplement en l'absence d'obstacles externes qui empêchent les individus de poursuivre leurs propres intérêts. Cependant, cette conception de la liberté ignore les aspects plus profonds de la liberté, tels que la capacité des individus à choisir leur propre chemin de vie et à réaliser leur propre potentiel.

De plus, la théorie du contrat social de Hobbes repose sur une fiction historique et ne prend pas en compte les dynamiques de pouvoir réelles qui existent dans les sociétés. La théorie du contrat social suppose que les individus ont consenti à abandonner leurs droits naturels en échange de la protection de l'Etat, mais cette supposition est contestable.

En réalité, les sociétés sont souvent fondées sur des relations de pouvoir inégales, et les individus ne sont pas toujours libres de choisir leur propre chemin de vie. La théorie du contrat social de Hobbes ignore ces réalités et repose sur une vision idéalisée de la société.

Enfin, la conception de la liberté de Hobbes est également trop étroite, car elle ne prend pas en compte les libertés positives, telles que la liberté d'expression, la liberté de réunion et la liberté de religion. Ces libertés sont essentielles pour permettre aux individus de réaliser leur propre potentiel et de participer pleinement à la vie sociale et politique.

La conception de la liberté et la théorie du contrat social de Hobbes sont limitées et ne rendent pas compte de la complexité de la condition humaine. Elles ignorent les aspects plus profonds de la liberté et les dynamiques de pouvoir réelles qui existent dans les sociétés.

Le chapitre 6 a examiné les limites et les faiblesses de la philosophie politique de Hobbes. Nous avons vu que sa conception de la souveraineté absolue est problématique, car elle ne tient pas compte des droits individuels et peut conduire à la tyrannie. De plus, sa vision pessimiste de la nature humaine est trop simpliste et ne rend pas compte de la complexité de la condition humaine. Enfin, sa théorie du contrat social repose sur une fiction historique et ne prend pas en compte les dynamiques de pouvoir réelles qui existent dans les sociétés.

On peut donc dire que la philosophie politique de Hobbes, bien qu'influente, présente plusieurs faiblesses et limites. Elle ignore les aspects plus profonds de la liberté et de la nature humaine, et repose sur des suppositions contestables. Il est donc important de considérer ces limites lors de l'application de la philosophie de Hobbes à la politique et à la société moderne.

Conclusion

Le Léviathan de Hobbes est une œuvre fondamentale de la philosophie politique qui explore les fondements de la puissance et de l'ordre dans la société. À travers son analyse de la nature humaine, de la souveraineté et du contrat social, Hobbes propose une vision pessimiste de l'humanité et une solution autoritaire pour maintenir la paix et la sécurité.

Toutefois, comme nous l'avons vu tout au long de ce livre, la philosophie de Hobbes présente également plusieurs limites et faiblesses. Sa conception de la souveraineté absolue, sa vision pessimiste de la nature humaine et sa théorie du contrat social ont été critiquées pour leur manque de nuance et leur potentiel à justifier des régimes autoritaires.

Malgré ces limites, *Le Léviathan* de Hobbes demeure une œuvre essentielle pour comprendre les débats politiques et philosophiques modernes. Sa philosophie de la puissance et de l'ordre continue d'influencer la pensée politique contemporaine, et ses idées sur la souveraineté, la sécurité et la paix restent pertinentes pour les défis auxquels nous sommes confrontés aujourd'hui.

Bref, *Le Léviathan* de Hobbes nous invite à réfléchir sur les tensions entre la liberté et la sécurité, l'individu et l'Etat, et la puissance et la morale. Sa philosophie complexe et provocatrice nous oblige à questionner nos propres suppositions sur la nature humaine et la société, et à chercher des solutions plus justes et plus équitables pour les défis de notre époque.

Note de motivation

Nous nous sommes toujours intéressés aux questions de gouvernance, d'intégration régionale et de géopolitique, car nous croyons que comprendre les dynamiques de pouvoir et les relations entre les acteurs politiques est essentiel pour construire un monde plus juste et plus pacifique.

En tant que sociologue des organisations, nous avons étudié les structures et les processus qui régissent les sociétés et les organisations. Mais nous nous sommes rendus compte que pour comprendre vraiment comment fonctionnent les systèmes de pouvoir, il fallait aller plus loin et explorer les fondements philosophiques qui les sous-tendent.

C'est pourquoi nous avons choisi de nous pencher sur la philosophie de Thomas Hobbes, qui est l'un des penseurs les plus influents de la modernité. Son œuvre, « Le Léviathan », est un texte fondamental qui explore les questions de souveraineté, de contrat social et de puissance.

En écrivant ce livre, nous voulions montrer comment la philosophie de Hobbes peut nous aider à comprendre les défis de notre époque, notamment en ce qui concerne la sécurité, la paix et la gouvernance. Nous voulions également encourager les lecteurs à réfléchir sur les tensions entre la liberté et la sécurité, l'individu et l'Etat.

Nous sommes convaincus que ce livre contribuera à une meilleure compréhension des enjeux géopolitiques et sociétaux actuels, et nous sommes fier de partager nos connaissances et nos réflexions avec les lecteurs.

Mohamed Lamine KABA

Epilogue

Ce livre explore la philosophie politique de Thomas Hobbes, en se concentrant sur son œuvre majeure, « Le Léviathan ». L'auteur examine les concepts clés de la pensée de Hobbes, tels que la souveraineté, le contrat social, la nature humaine et la puissance, pour comprendre comment ils se rapportent à la création d'un ordre social stable.

Le livre analyse les forces et les faiblesses de la théorie de Hobbes, en mettant en lumière ses implications pour la politique moderne. L'auteur montre comment la philosophie de Hobbes continue d'influencer les débats politiques contemporains, notamment en ce qui concerne la sécurité, la paix et la gouvernance.

En fin de compte, ce livre offre une compréhension approfondie de la pensée de Hobbes et de son impact sur la philosophie politique moderne, tout en encourageant les lecteurs à réfléchir sur les tensions entre la liberté et la sécurité, l'individu et l'Etat.

Mots clés : *Hobbes, Léviathan, souveraineté, contrat social, puissance, ordre, philosophie politique, sécurité, paix.*

BIBLIOGRAPHIE

1. Jean-Pascal Daloz (1999). *L'Afrique est partie ! Du désordre comme instrument politique.* Paris: Economica.
2. Achille Mbembe (2015). *Critique de la raison nègre, 272p.* Paris: Éditions La Découverte.
3. Jean Ziegler (2002). *Les Nouveaux Maîtres du monde et ceux qui leur résistent.* Paris: Éditions Fayard.
4. Jean Ziegler (2021). *Lesbos, la honte de l'Europe, 168p.* Paris: Editions Seuil.
5. Jean Ziegler (1990). *La Suisse lave plus blanc.* Paris: Seuil.
6. Jean Ziegler (1999). *La Faim dans le monde expliquée à mon fils, (Réédité en 2011).* Paris: Le Seuil.
7. A. Mbembe. (2022). *Pour un monde en commun : Regards croisés entre l'afrique et l'europe, 192p.* Paris: Actes sud.
8. A.Kpodar. (2011, janvier-juin). La communauté internationale et le Togo : Elément de réflexions sur l'extranéité de l'ordre constitutionnel. *Revue Togolaise des Sciences Juridiques*, pp. 38-44.
9. A. Mbembe. (2013). *Sortir de la grande nuit : Essai sur l'Afrique décolonisée, 294p.* Paris: Éditions La Découverte.
10. A. Mbembe. (1988). *Afriques indociles, 224p.* Paris: Karthala.
11. ABDOUL, L. G. (2010, février 09). Enjeux et mécanismes des sanctions face aux coups d'Etat militaires. p. 8.
12. Abdourhamane, B. I. (2023). Retour à l'ordre constitutionnel : développements récents sur les transitions au Mali, au Tchad en Guinée et au Burkina Faso. *Afrique contemporaine, v.2, n° 276* , 245-261.
13. ABDOU-SALAMI, M. S. (2003). Démocratie et Coup d'Etat en Afrique, n° 5. *Revue Nigérienne de droit*, 9-55.
14. Abe, C. (2015). « L'ESPRIT DE L'ARTICLE 66 A ÉTÉ TRAHI » : CAMEROON. *Gouvernance & Société*, 15.
15. Acte. (2000, juillet 11). Acte constitutif de l'Union africaine du 11 juillet 2000. *Commission de l'Union Africaine*, p. 22.
16. ADELOUI, A. J. (2013). L'Union Africaine et la reconnaissance des gouvernements anticonstitutionnels. *Revue Béninoise des Sciences Juridiques et Administratives, n° 29*, 5-57.
17. ADJOVI, R. (2005, février). Le Togo, un changement anticonstitutionnel savant et un nouveau test pour l'Union africaine. *Revue électronique Actualité et droit international*, p. 5.

18. Africaine, P. (2023). *La Guinée depuis Condé, 178p.* Paris: Karthala.

19. Afrique, J. (2010, 12 09). *L'Union africaine réintègre la Guinée.* Récupéré sur Jeune Afrique: www.jeuneafrique.com

20. Agamben, G. (2002). *Moyens sans fins: Notes sur la politique, 153p.* Paris: Payot & Rivages.

21. AGBODJI, E. K. (2008-2009). *La succession du Chef de l'Etat en Afrique noire francophone, Mémoire de DEA en Droit Public Fondamental, 115 p.* Lomé: Université de Lomé.

22. Age, A. (2011, Août). Les armées africaines et le développement : Une transformation nécessaire, n° 102. *Bulletin du maintien de la paix*, p. 4.

23. Agogué, C. (2017). *Le coup d'Etat démocrate, 130p.* Paris: Editions du Panthéon.

24. Agora. (2023). "Les coups d'Etat" en Afrique de 1960 à 2021. Typologie, causes, conséquences et pistes de sortie durable. *Agora Afrique-Revue congolaise de sciences politiques (RCSP, n°1.*

25. AGORA. (2023). *Les coups d'Etat en Afrique de 1960 à 2021. Typologie, causes, conséquences et pistes de sortie durable, 228p.* Paris: Editions L'Harmattan.

26. Agora Afrique, R. c. (2023). *Les coups d'Etat en Afrique de 1960 à 2021 : typologie, causes, conséquences et piste de solution durable.* Paris: Éditions l'Harmattan.

27. Aïvo, F. J. (2007). *Le président de la République en Afrique noire francophone : Genèse, mutations et avenir de la fonction, 643 p.* Paris: L'Harmattan.

28. Aïvo, F.-J. (2012, javnier 01). La crise de normativité de la constitution en Afrique, n° 1. *Revue de droit public et de la science politique en France et à l'Etranger*, p. 141.

29. Akinpelu, Y. (2023, août 3). Coup d'Etat au Niger : un test décisif pour la démocratie en Afrique de l'Ouest. *BBC News*, p. 5.

30. Alan Bryden et Fairlie Chappuis. (2015). *Comprendre les dynamiques de la gouvernance du secteur de la sécurité en Afrique de l'Ouest, 182p.* Londres: Ubiquity Press.

31. Alcantara, H. d. (1998, mars). Du bon usage du concept de gouvernance. *RISS.*

32. Allec, C.-Z. (2013). *Les Riches et les Pauvres, coup d'oeil sur l'Etat actuel de la question sociale, 68p.* Paris: Hachette Livre BNF.

33. A. Mbembe. (1986). *Les jeunes et l'ordre politique en Afrique noire, pp.10-20.* Paris: L'Harmattan.

34. Amnesty. (2023, juillet 3). *Coup d'Etat en République de Guinée*. Récupéré sur Amnesty International: www.amnesty.org

35. Amon, H. (2012). Usurpation et coup d'Etat dans l'empire romain : nouvelles. *Cahiers d'histoire*, 65p.

36. A-N, K. (2002, juillet-décembre). Les nouvelles tendances du constitutionnalisme africain : cas des Etats d'Afrique noire francophone, Afrique Juridique et Politique. *La Revue du CERDIP, Volume 1, n° 2*, pp. 35-86.

37. Anderson, C. A. (1961). A Skeptical Note on the Relation of Vertical Mobility to Education. *American Journal of Sociology*, 11p.

38. André Bercoff, S. G. (2022). *Abstention piège à cons: Derniers virages avant la démocrature, 96p.* Paris: Max Milo.

39. Aron, R. (1965). *Démocratie et Totalitarisme.* 370p. Paris: Gallimard.

40. Assogba, H. (2022, février 3). Vague de coups d'Etat en Afrique : on les appelle désormais des « réinterprEtations constitutionnelles ». *The Conversation*, p. 10.

41. Atangana, J.-L. (2017). La Guinée sous le régime de Conté : un bilan mitigé. *Revue Africaine de Droit, vol. 10, n°1*, 79-98.

42. Attali, J. (2012). *Diderot ou le bonheur de penser.* 672p. Paris : Fayard.

43. Auguste, F. (2020). *La démocratie en pratiques : Demain commence aujourd'hui, 100p.* Paris: L'Harmattan.

44. Auty, R. (1990). *Resource-Based Industrialization: Sowing the Oil in Eight Developing Countries, 304p.* Oxford: Oxford University Press.

45. Ayissi. (2000, mai-juin). L'illusion de la fin des coups d'Etat en Afrique, n° 51. *Manière de voir*, 6p.

46. Ayissi, A. (2003, janvier). Ordre militaire et désordre politique. *Le Monde Diplomatique*, pp. 20-21.

47. Bâ, M. (2017). Le processus de consolidation de la démocratie en Guinée : les défis de la transition. *Politique africaine, vol. 126, n°2*, pp. 57-76.

48. Bâ, T. M. (2016). *La révolution manipulée : Chroniques d'un professeur au pouvoir, 162p.* Conakry: Harmattan Guinée.

49. Babeau, O. (2023). *La tyrannie du divertissement: Ne laissez pas les loisirs gâcher votre vie et celle de vos enfants, 288p.* Paris: Buchet Chastel.

50. BAD. (2023, juin 3). *Conséquences des coup d'Etat sur le développement de la Guinée.* Récupéré sur Groupe de la Banque africaine de développement: www.afdb.org

51. Bah, A. (2023). *Agir pour la Guinée : Réflexion multisectorielle d'un engagé politique, 182p.* Conakry: Harmattan Guinée.

52. Bah, A. D. (2012). *D'une Guinée à l'autre : Souvenirs et témoignages, 154p.* Conakry: Harmattan Guinée.

53. Bah, A. H. (2023, février 21). *Transition : lancement du symposium sur le constitutionnalisme en Guinée.* Récupéré sur Guinée360: www.guinee360.com

54. Bah, I. (2013). *Les transitions politiques en Guinée : De son indépendance à 2010, 256p.* Paris: L'Harmattan.

55. Bah, M. (2014). *Les défis de la démocratie en Guinée, 156p.* Paris: L'Harmattan.

56. Bah, M. G. (2021). *La politisation des administrations publiques en Afrique, 134p.* Conakry: Harmattan Guinée.

57. Bah, T. (2009). *Trente ans de violence politique en Guinée 1954-1984, 422p.* Paris: L'Harmattan.

58. Bah, T. (2016). *La guinée a eu 55 ans : Et maintenant ?, 268p.* Paris: L'Harmattan.

59. Balandier, G. (1970). *Sociologie des mutations, 531p.* Paris: Anthropos.

60. Balde, S. O. (2018). *Elections et démocratie locale en Guinée : L'approche heuristique d'une démocratie par le bas, 138p.* Paris: L'Harmattan.

61. Bamako, A. d. (2007, janvier 23-25). Entre tradition et modernité : quelle gouvernance pour l'Afrique ? *colloque*, pp. 9-10.

62. BANGOURA, D. (2008, décembre). L'Union Africaine face aux changements anticonstitutionnels de gouvernement : Le cas de la Mauritanie, n° 60. *Débats Courrier d'Afrique de l'Ouest*, pp. 3-8.

63. Bangoura, D. (2015). Le coup d'Etat de décembre 2008 et la Transition controversée en Guinée. *Les Champs de Mars*, pp. 18-33.

64. Bangoura, N. (2023, mars 14). La Guinée et ses nombreux coups d'Etat militaires. *Perspective Monde (Outil pédagogique des grandes tendances mondiales depuis 1945).*

65. Bari, N. (2017). *La dictature, modes d'emploi, 150p.* Conakry: Harmattan Guinée.

66. Barry, A. O. (2020). *La Guinée au fil de ses présidents, 324p.* Conakry: Harmattan Guinée.

67. Barry, I. (2022). *Question ethnique et problématique de la construction de la nation en guinée, 130p.* Conakry: Harmattan Guinée.

68.BARRY, S. 1. (2008). *La Guinée face à la mondialisation, 184p.* Paris: L'Harmattan.

69.Baverez, N. (2019). Les démocratures contre la démocratie, n° 169. *Pouvoirs*, pp. 5-17.

70.Bayart, J.-F. (1989). *L'Etat en Afrique, la politique du ventre, 439 p.* Paris: Fayard.

71.Becker, H. (1985). *Études de sociologie de la déviance, 320p.* Paris: Editions Métailié.

72.BENCHENANE, M. (1983). *Les armées africaines, 209 p.* Paris: Publisud.

73.Benchenane, M. (1983). *Les coups d'Etat en Afrique, 197 p.* Paris: Publisud.

74.Bertalanffy, L. v. (1973). *Théorie générale des systèmes, traduction de George Brasiller.* 328p. Paris: Bordas (Dunod).

75.Bertaud, J.-P. (2000). *1799, Bonaparte prend le pouvoir, 216p.* Paris: Editions Complexe.

76.Besancenot, M. L. (2023). *Septembre rouge: Le coup d'Etat du 11 septembre 1973 au Chili, 122p.* Paris: Textuel.

77.Bierschenk, M. F. (2012). *L'économie politique du coup d'Etat de 2008 en Guinée, pp. 1-25.*

78.BM. (2021). *Les infrastructures sociales en Guinée : une analyse de la situation après le coup d'Etat.* Conakry: Banque mondiale.

79.BM. (2023, juin 5). *Coup d'Etat en Guinée.* Récupéré sur World Bank: www.worldbank.org

80.BOCCO, A. K. (2005-2007). *Réflexions sur la démocratie africaine, Mémoire pour l'obtention du Diplôme de l'ENA, Diplomatie, Cycle III, 70p.* Paris: ENA.

81.Bock-Côté, M. (2023). *Le Totalitarisme sans le goulag, 272p.* Paris: Presses de la cité.

82.Bolle, S. (2010). *(dir.), Vices et vertus du contentieux des élections en Afrique, Démocratie et élections dans l'espace francophone, Prévention des crises et promotions de la paix, Volume II.* Paris: Bruylant.

83.Boniface, P. (2022). *Les relations internationales de 1945 à nos jours. De Yalta à la Guerre en Ukraine (7è édition mise à jour). Généalogie d'un monde multipolaire.* 252p. Paris: éditions Eyrolles.

84.Bordeleau, Y. (2022). *La démocratie en crise : L'urgence de réagir, 458p.* Paris: L'Harmattan.

85.BOUMAKANI, B. (2003, octobre-décembre). L'Etat de droit en Afrique. *Revue Juridique et Politique des Etats Francophones, n° 4,* pp. 445-472.

86. Bourdieu, P. (2022). *Microcosmes. Théorie des champs.* 696p. Paris: Raisons d'agir.

87. BOURGI, A. (2005). L'Union Africaine entre les textes et la réalité. *A.F.R.I, Volume VI,* pp. 327-344.

88. Bourguignon, F. (2023). *Les inégalité dans le monde, 136p.* Paris: La Documentation française.

89. BOYE, A.-E. K. (1998). De quelques problèmes et aspects importants de la démocratie dans le contexte des Etats d'Afrique noire. *La démocratie : Principes et réalisation, Union Interparlementaire, Genève,* pp. 39-48.

90. Brana, A. D.-E. (2002). *Les démocraties à l'épreuve, 172p.* Paris: La Documentation Française.

91. Branco, J. (2023). *Coup d'Etat: Manuel insurrectionnel, 256p.* La Laune-Vauvert: Diable Vauvert.

92. Brzeziński, Z. (1997). *Le grand échiquier : L'Amérique et le reste du monde. The Grand Chessboard : American Primacy and Its Geostrategic Imperatives, 273p.* Paris: Fayard.

93. Brzeziński, Z. (2004). *Le Vrai choix : Les Etats-Unis et le reste du monde, 310p.* Paris: Odile Jacob.

94. Brzezinski, Z. (2011). *Le Grand Echiquier : l'Amérique et le reste du monde, 288p.* Paris: Fayard/Pluriel.

95. BULA-BULA, S. (2005). Mise hors-la-loi ou mise en quarantaine des gouvernements anticonstitutionnels par l'Union africaine ?, Volume 11. *African Yearbook of International Law,* pp. 23-78.

96. Burdeau, G. (1969). *Traité de science politique, Tome IV, Le statut du pouvoir dans l'Etat, 693 p.* Paris: LGDJ.

97. Burdeau, G. (1970). *Traité de science politique, Tome V, Les régimes politiques, 653 p.* Paris: LGDJ.

98. C.Pauthier. (2013). L'héritage controversé de Sékou Touré, « héros » de l'indépendance. *Vingtième Siècle. Revue d'histoire 2013/2 (N° 118),* pp. 31-44.

99. C-A.Anderson. (1961). A Skeptical Note on the Relation of Vertical Mobility to Education. *American Journal of Sociology,* pp. 1-5.

100. CADEG. (2007). La Charte africaine de la démocratie, des élections et de la gouvernance. *La CADEG,* 20p.

101. Cairn. (2023, novembre 20). *Liste de coups d'Etat et de tentatives de coup d'Etat.* Récupéré sur Cairn.info: https://fr.wikipedia.org/wiki/Liste_de_coups_d_etat

102.   Camara, A. D. (2019). *Le coup d'Etat manqué du colonel Diarra Traoré: Guinée le 4 juillet 1985 - Damaro parle, 220p.* Conakry: L'Harmattan Guinée.

103.   Camara, M. S. (2007). *Le pouvoir politique en guinée sous Sékou Touré, 280p.* Paris: L'Harmattan.

104.   Camara, Y. (2021). Du Comité National pour le Rassemblement et le Développement, (C.N.R.D). 1p.

105.   Caroline Dufy, C. T. (2013). Les apories de la transitologie : quelques pistes de recherche à la lumière d'exemples africains et post-soviétiques. *Revue internationale de politique comparée, 3, Vol. 20*, pp. 19-40.

106.   Cassard, P. J. (2019). *JFK: Omerta sur un Coup d'Etat, 342p.* Paris: Editions Edilivre.

107.   CEDEAO. (1999, décembre 10). Protocole relatif au mécanisme de prévention, de gestion, de règlement des conflits, de maintien de la paix et de la sécurité. *Journal Officiel de la CEDEAO*, 25p.

108.   CEDEAO, C. d. (2001, décembre 21). Protocole de la CEDEAO sur la démocratie et la bonne gouvernance . *Journal officiel de la CEDEAO*, 21p.

109.   Chapus, R. (1969-1970). *Cours de droit constitutionnel et d'institutions politiques.* Paris: Les Cours de Droit.

110.   Charles Becker, R. C.-H. (2015). Les syndicats en Afrique noire. *Relire Yves Person*, pp. 309-331.

111.   CHOUALA, Y. A. (2004). Contribution des armées au jeu démocratique en Afrique. *Revue Juridique et Politique, n° 4*, pp. 548-574.

112.   Cissé, É. M. (2023). Chronique de trente-deux ans de coups d'Etat en Afrique (1990-2022). *Revue française de droit constitutionnel, v.1, n°133*, pp. e25 à e52.

113.   COHEN, S. (2008). Le pouvoir politique et l'armée, L'armée Française. *Revue Pouvoirs, n° 125, Paris, Seuil*, pp. 19-28.

114.   Coignard, S. (2009). *Un Etat dans l'Etat : Le contre-pouvoir maçonnique, 336p.* Paris: Albin Michel.

115.   Collectif. (2023). *Mélanges en l'honneur de Bertrand Mathieu: Pouvoir et contre-pouvoirs, 700p.* Paris: LGDJ.

116.   comparée, R. i. (2008). *La démocratie face aux relations civils-militaires, 172p.* Paris: De Boeck Supérieur.

117.   Conac, G. (1998). *Succès et crises du constitutionnalisme africain, Les constitutions africaines, Tomes 2, J. du BOIS de GAUDUSSON, G. CONAC, C. DESOUCHES (dir.).* Paris: Bruylant, La documentation Française.

118.   CONDE, A. (2010, 12 21). Discours d'investiture. Conakry, Guinée: Journal Officiel de la République de Guinée.

119.   Conde, A. (2019). *La gouvernance locale en Afrique :Expérience de la République de Guinée, 150p.* Conakry: Harmattan Guinée.

120.   Condé, A. (2019). *Une certaine idée de la Guinée, 127p.* Lausanne: Editions Favre.

121.   Conde, C. F. (2020). *Guinée-3 avril 1984 : Une date et ses conséquences, 494p.* Conakry: Harmattan Guinée.

122.   Conté, G. L. (1991). Loi Organique L/91/003 du 23 décembre 1991 portant modification du nombre des partis susceptibles d'être constitué. *Journal Officiel de la République de Guinée*, 1p.

123.   Conté, L. (1992). *Parti de l'Unité et du Progrès.* Conakry.

124.   Cotonou. (1993, juillet 24). Traité de la CEDEAO, signé à Cotonou, le 24 juillet 1993. *Journal officiel de la CEDEAO.*

125.   Coulibaly, S. (2013). *Coups d'Etat : légitimation et démocraties en Afrique, 156p.* Paris: L'Harmattan.

126.   Cournanel, A. (2013). *L'économie politique de la Guinée (1958-2010) : Des dictatures contre le développement, 296p.* Paris: L'Harmattan.

127.   D.Bangoura. (2015). Le coup d'Etat de décembre 2008 et la Transition controversée en Guinée. *Les Champs de Mars, vol. 28, no. 3*, pp. 18-33.

128.   D.Kokoroko. (2012, janvier-juin). Révolution et droit international. *Revue Togolaise des Sciences juridiques, n° 0002*, pp. 7-21.

129.   Damiba, P.-H. S. (2021). *Armées Ouest-Africaines et Terrorisme : Réponses Incertaines, 161p.* La Hulpe: Les trois colonnes.

130.   d'ASPREMONT, J. (2009). La licéité des coups d'Etat en droit international. *Etat de droit en droit international, Paris, Pedone*, pp. 123-142.

131.   Davies, J. C. (1971). *When Men Revolt and Why ?, 400p.* New York: Free Press.

132.   Defarges, T. d. (2011). *Ramses 2012 : Les Etats submergés ?, (Sous la direction), 336p.* Paris: Institut français des relations internationales.

133.   Delors, J. (1996). *Combats pour l'Europe.* 112p. Paris: Économica.

134.   Desmoulins, M.-C. e. (2023). *Le pouvoir contre les libertés,184p.* Paris: Les éditions du Cerf.

135.   Diakhaby, O. (2017). *L'ethnicité en Guinée-Conakry au prisme de l'organisation sociopolitique, 254p.* Conakry: Harmattan Guinée.

136.   Diakhaby, O. (2017). *L'ethnicité en Guinée-Conakry au prisme de l'organisation sociopolitique, 254p.* Paris: Editions l'Harmattan.

137.   Diallo, A. O. (2015). *La Guinée-Conakry de janvier 2007 à décembre 2010 : Chronique et reflexions sur une transition militaire ratée, 286p.* Paris: Editions L'Harmattan.

138.   Diallo, B. Y. (2011). *La Guinée, un demi-siècle de politique (1945-2008) : Trois hommes, trois destins, 308p.* Paris: L'Harmattan.

139.   Diallo, E. M. (2017). *Histoire politique et sociale de la guinée de 1958 à 2015, 142p.* Paris: L'Harmattan.

140.   Diallo, E. M. (2020). *La politique étrangère de la République de Guinée de 1958 à nos jours, 144p.* Conakry: Harmattan Guinée.

141.   Diallo, I. S. (2023). *Le pouvoir de l'invisible : Autobiographie, 186p.* Conakry: Harmattan Guinée.

142.   Diallo, M. D. (2023). *Résoudre la crise politique en Guinée : La longue marche vers la démocratie, 138p.* Paris: L'Harmattan.

143.   Diaw, P. A. (2023, août 11). Que peut faire la CEDEAO pour prévenir et arrêter les coups d'Etat ? *BBC Afrique*, 6p.

144.   Dietschy, P. (2014). Les revanches des dominés. *Histoire du football*, pp. 363-417.

145.   Diop, E. H. (2005). Autopsie d'une crise de succession constitutionnelle du chef de l'Etat en Afrique. L'expérience togolaise (5-26 février 2005). *Revue Politeia, n° 7*, pp. 115-173.

146.   Diop, M. F. (2023). Les sanctions juridictionnelles aux violations de l'ordre constitutionnel dans l'espace CEDEAO. *Revue française de droit constitutionnel, v.2, n°134*, pp. 265-301.

147.   Dobry, M. (2009). *Sociologie des crises politiques: La dynamique des mobilisations multisectorielles. 3e édition revue et augmentée d'une préface inédite, 409p.* Paris: Presses Sciences Po.

148.   Dogan, M. (1986). Militaires sans épées dans la politique, n° 38. *Pouvoirs*, pp. 113-125.

149.   Donfack, E. (1989, janvier-mars). La révision des constitutions en Afrique. *Revue Juridique et Politique Indépendance et Coopération, n°1, Paris EDIENA*, pp. 45-71.

150.   DOSSOU, R. (2014). La fonction régulatrice des juridictions constitutionnelles africaines : cas du Bénin. *in La Constitution béninoise du 11 décembre 1990 : Un modèle pour l'Afrique ?, Mélanges Maurice Ahanhanzo-Glèlè, L'Harmattan, Etudes Africaines*, pp. 729-734.

151.   Doumbouya, C. (2021, 09 05). Discours de circonstance. *Déclaration*.

152.	Doumbouya, C.-M. (2022). Adresse à la nation du Chef de l'Etat, Colonel Mamadi Doumbouya. *Journal Officiel de la République de Guinée.* Conakry: Cabinet Civil, Direction de la Communication et de l'Information de la Présidence, 5p.

153.	Doumbouya, O. S. (2008). *La situation sociale des femmes en Guinée : De la période précoloniale jusqu'à nos jours, 226p.* Paris: L'Harmattan.

154.	Dru, Jean-Marie. (2007). *La publicité autrment.* 240p. Paris: Gallimard.

155.	Dufour, Dany-Robert. (1996). *Folie et démocratie : Essai sur la forme unaire.* 272p. Paris: Gallimard.

156.	Dumont, R. (1962). *L'Afrique noire est mal partie.* 320p. Paris: Editions du Seuil.

157.	Dumont, R. (1991). *Démocratie pour l'Afrique. La longue marche de l'Afrique noire vers la liberté, 352p.* Paris: Seuil.

158.	Durkheim, E. (1970). *La science sociale et l'action, "Le sociologue".* 360p. Paris: PUF.

159.	Durkheim, E. (2013). *De la division du travail social, 366p.* Paris: Presses Universitaires de France.

160.	DUSSEY, R. (2009). *L'Afrique malade de ses hommes politiques, 2ème édition, 252 p.* Paris: Jean PICOLLEC.

161.	Duverger, M. (1968). *Sociologie politique, 506p.* Paris: Puf.

162.	E.C.L.Donfack. (1989, janvier-mars). La révision des constitutions en Afrique. *Revue Juridique et Politique Indépendance et Coopération, n°1, Paris EDIENA,*, pp. 45-71.

163.	Ebodé, J. V. (2023). La Réforme du secteur de la sécurité en Afrique Centrale : enjeux, défis et perspectives. *Revue Africaine de la Sécurité Internationale (RASI, 19p.*

164.	Ebode, J.-V. N. (2023). Retour de l'Etat militaire : retour de l'Etat de guerre ? *Retour de l'Etat militaire : retour de l'Etat de guerre ?* Soa: Lignes d'horizon, 2p.

165.	Ela, J. (1994). *Restituer l'histoire aux sociétés africaines, 144p.* Paris: L'Harmattan.

166.	Ela, J.-M. (1990). *Quand l'Etat pénètre en brousse... Les ripostes paysannes à la crise, 272p.* Paris: Karthala.

167.	Elias, N. (2003). *La Civilisation des mœurs, 512p.* Paris: Pocket.

168.	Elias, N. (2003). *La Dynamique de l'Occident, 320p.* Paris: Pocket.

169.	Empoli, G. d. (2022). *Le mage de Kremlin, 288p.* Paris: Editions Gallimard.

170.   Éric M. Ngango Youmbi, B. C. (2023). Chronique de trente-deux ans de coups d'Etat en Afrique (1990-2022). *Revue française de droit constitutionnel 2023/1 (N° 133)*, pp. E25-E52.

171.   Ernest, D. (1998). *1914 : Qui a voulu la guerre ?, 63p.* Paris: Kime.

172.   Eta10. (s.d.). *Principes de la gouvernance mondiale.* Nmf.

173.   ETEKOU, B. Y. (2013). *L'alternance démocratique dans les Etats d'Afrique francophone, Thèse de Doctorat en Droit, , 18 décembre, 478 p.* Paris et Abidjan: Université Paris-Est Créteil et Université Félix HOUPHOUËT-BOIGNY de Cocody.

174.   F.Fukuyama. (2023). *Libéralisme : vents contraires, 168p.* Paris: Saint Simon.

175.   Fabry, P. (2022). *Le Président absolu: La Ve République contre la démocratie, 122p.* Traverse City (Michigan): Independently published.

176.   FALL, I. M. (2008). *Le pouvoir exécutif dans le constitutionnalisme des Etats d'Afrique 279p.* Paris: L'Harmattan.

177.   FALL, I. M. (2014). La construction des régimes politiques en Afrique : insuccès et succès », in La Constitution béninoise du 11 décembre 1990 : Un modèle pour l'Afrique ? *Ahanhanzo-Glèlè, L'Harmattan, Etudes Africaines,* pp. 127-179.

178.   FELAN, K. E. (2006-2007). *Le Conseil de Paix et de Sécurité de l'Union Africaine (CPS-UA), Mémoire de DEA en Droit public Fondamental, 105p.* Lomé: Université de Lomé.

179.   FH. (2023, mai 10). *Types de coup d'Etat en Guinée.* Récupéré sur Freedom House: freedomhouse.org

180.   Follett, K. (2023). *Les piliers de la terre - Tome 01 : Le Rêveur de cathédrales, 104p.* Grenoble: Glénat BD.

181.   Foucault, M. (2001). *La gouvernementalité : Dits et écrits, 1700p.* Paris: Gallimard.

182.   FOUCHER, V. (2009). « Difficiles successions en Afrique subsaharienne : persistance et reconstruction du pouvoir personnel », La démocratie en Afrique. *Revue Pouvoirs, n° 129, Paris, Seuil,* pp. 127-138.

183.   Fukuyama, F. (2004). *La fin de l'homme : les conséquences de la révolution biotechnique, 448p.* Paris: Folio Actuel.

184.   Fukuyama, F. (2028). *La fin de l'histoire et dernier homme, 656p.* Paris: Flammarion.

185.   G.CONAC. (1983). Portrait du Chef de l'Etat africain, Les pouvoirs Africains. *Revue Pouvoirs, n° 25, Paris, Seuil,* pp. 121-130.

186.	GABA, L. (2000). *L'Etat de droit, la démocratie et le développement économique en Afrique subsaharienne, 399 p.* Paris: L'Harmattan, Collection Logiques juridiques.

187.	Gaglio, G. (2021). *Sociologie de l'innovation, 128p.* Paris: Que sais-je.

188.	Gahé-Gohoun, R. C. (2020). Les Etats d'Afrique : quelles identités en mondialisations ? *Diogène 2020/3-4 (n° 271-272)*, pp. 227-249.

189.	Gaudusson, J.-B. (1998). *(dir.), Le constitutionnalisme en Afrique, Les constitutions africaines, Tomes 2, J. du B. de GAUDUSSON, G. CONAC, C. DESOUCHES.* Paris: Bruylant, La documentation Française, pp. *9-12.*

190.	Gaudusson, J.-D. B. (2001). Quel statut constitutionnel pour le chef d'Etat en Afrique ?,. *in Le nouveau constitutionnalisme, Mélanges Gérard Conac*, pp. 329-338.

191.	Groue de Banque Africaine de Développement (2002). *Guinée : Déuxième programme d'ajustement structurel (PAS II).* Conakry: Département de l'évaluation des opérations du Groupe de la Banque Africaine de Développement.

192.	GBENOUGA, S. M. (2005-2007). *La contribution du Conseil de Paix et de Sécurité de l'Union Africaine à la consolidation de la paix et de la sécurité en Afrique, Mémoire pour l'obtention du Diplôme de l'ENA, Cycle III, Option Diplomatie, 93p.*

193.	GBEOU-KPAYILE, N. (2004-2005). Armée et démocratie en Afrique, Mémoire de DEA en Droit Public Fondamental. *Université de Lomé*, 68p.

194.	G-BOIS, J. (2008). Constitution sans culture constitutionnelle n'est que ruine du constitutionnalisme. Poursuite d'un dialogue sur quinze ans de « transition » en Afrique et en Europe. *in Démocratie et liberté : tension, dialogue, confrontation, Mélanges Slobodan Milacic, Bruxelles, Bruylant*, pp. 333-348.

195.	Gbonimy, J. (2022). *Guinée, une transition politique et démocratique inachevée, 208p.* Conakry: Harmattan Guinée.

196.	Géraud Magrin, O. N. (2022). *L'Afrique : atouts et périls, 128p.* Paris: La Documentation française.

197.	GICQUEL, J. G.-E. (2010). *Droit constitutionnel et institutions politiques, 24ème édition, 789p.* Paris: Montchrestien.

198.	Gilles Perrault, C. A. (1998). *Le Livre noir du capitalisme, 427p.* Montreuil 93100: éditions Le Temps des cerises.

199.	Ginsberg, M. (1915). *La culture matérielle et les institutions sociales des peuples les plus simples,* 420p. London: University College London.

200.	Giuliano Da Empoli. (2019). *Les ingénieurs du chaos,* 240p. Paris: Jean-Claude Lattès.

201.	Goerg, O. (2011). Couper la Guinée en quatre ou comment la colonisation a imaginé l'Afrique. *Vingtième Siècle. Revue d'histoire 2011/3 (n° 111),* pp. 73-88.

202.	Gomez, A. R. (2010). *La Guinée peut-elle être changée ?, 206p.* Conakry: Harmattan Guinée.

203.	Goumou, B. (2022). *Déclaration de politique générale du gouvernement,* 24p. Conakry: Primature de la République de Guinée & Conseil National de Transition.

204.	Joseph Togna Doré, *Rapport sur l'Etat de la gouvernance et la reddition des comptes,* 56p. Inspection Générale de l'Etat, Présidence de la République de Guinée.

205.	Grawitz, M. (2000). *Méthodes Des Sciences Sociales, 1040p.* Paris: Dalloz.

206.	Grawitz, M. (2004). *Lexique des sciences sociales, 421p.* Paris: Dalloz.

207.	Guénaire, M. (2002). *Déclin et renaissance du pouvoir, 207p.* Paris: Gallimard.

208.	GUEYE, B. (2009). La démocratie en Afrique : succès et résistance, La démocratie en Afrique. *Revue Pouvoirs, n° 129, Paris, Seuil,* pp. 5-26.

209.	Guglielmi, A. (2023, janvier 21). *Comprendre et appréhender la notion de « vivre ensemble » dans un espace collectif.* Récupéré sur Rapport gratuit: https://www.rapport-gratuit.com/

210.	Gurr, T. R. (2015). *Why Men Rebel ?, 445p.* New York: Princeton University Press.

211.	H.Juvin. (2005). *L'Avènement du coprs,* 272p. Paris: Gallimard.

212.	Hauriou, M. (1899). *Leçons sur le mouvement social, données à Toulouse en 1898,* 198p. Paris: L. Larose.

213.	Heintz, P. (1972). *A Macrosociological Theory of Social Systems, 2 vols.*

214.	Hirschman, A. (1995). *Défection et prise de parole, 212p.* Paris: Fayard.

215.	Hirschman, A. (2013). *The Passions and the Interests. Political Arguments for Capitalism Before its Triumph, 176p.* Princeton, NJ: Princeton University Press.

216.	Hobbes, T. (1921). *Leviathan ou la Matière, la Forme et la Puissance d'un Etat ecclésiastique et civil : Traduction française en partie double d'après les textes anglais et latin originaux. Tome premier - De l'Homme, (trad. R. Anthony)*, 343p. Paris: Marcel Giard.

217. Holo, T. (2006). Démocratie revitalisée ou démocratie émasculée ? Les Constitutions du renouveau démocratique dans les Etats de l'espace francophone africain : régimes juridiques et systèmes politiques. *RBSJA, no pp. 16-31.*

218. HOLO, T. (2006). Démocratie revitalisée ou démocratie émasculée ? Les constitutions du renouveau démocratique dans les Etats de l'espace francophone africain : Régimes juridiques te systèmes politiques. *Revue Béninoise de Sciences Juridiques et Administratives, n° 16*, pp. 17-41.

219. Houngnikpo, M. (2004). *L'illusion démocratique en Afrique, 256p.* Paris: L'Harmattan.

220. Houngnikpo, M. C. (2012). Armées africaines : chaînon manquant des transitions démocratiques. *Bulletin de la Sécurité africaine, no 17*, pp. 1-12.

221. HOUNGNIKPO, M. C. (2012, janvier). Armées africaines : Chaînon manquant des transitions démocratiques, Bulletin de la sécurité africaine, n° 17. *Centre d'Etudes Stratégiques de l'Afrique*, 8p.

222. Houngnikpo, M.-C. (2004). *Des mots pour maux de l'Afrique, 266p.* Paris: L'Harmattan.

223. Houngnikpo, M.-C. (2011). *L'Afrique au futur conditionnel, 284p.* Paris: L'Harmattan.

224. HUET, V. (2006). Vers l'émergence d'un principe de légitimité démocratique en droit international ? *Revue Trimestriel des Droits de l'Homme, n° 67*, pp. 547-573.

225. Hughes, E.-G. (1996). *Le Régard socioloique. Essais choisis.* Paris: Editions de l'EHESS.

226. Hummel, J. (2014). *Coup d'Etat, .in P. Mbongo, Fr. Hervouët et C. Santulli, Dictionnaire encyclopédique de l'Etat, 113p.* Paris: Berger-Levrault.

227. Huntington, S. P. (2000). *Le Cohc des civilisations, 545p.* Paris: Odile Jacob.

228. Husserl, E. (1996). *Leçons pour une phénoménologie de la conscience intime du temps, 224p.* Paris: PUF.

229. ICG. (2023, juillet 7). *Coup d'Etat en République de Guinée.* Récupéré sur International Crisis Group: www.crisisgroup.org

230. IDRISSA, K. (2008). *(sous la dir.), Armée et politique au Niger, Août, 288 p.* Dakar: CODESRIA.

231.	Jean Ziegler. (2003). *Le Droit à l'alimentation, 236p.* Paris: Mille et Une Nuits.

232.	Jean Ziegler et Thomas Sankara. (2017). *Discours sur la dette : présentation du texte de Thomas Sankara,* 64p. Nouvelle-Aquitaine: L'Esprit du temps.

233.	J. du Bois de GAUDUSSON, G. C. (1998). *Les constitutions africaines publiées en langue française, Tome 2, La documentation Française, 458p.* Paris: Collection Retour aux textes.

234.	Jean Ziegler. (2008). *La Haine de l'Occident, Prix littéraire des droits de l'homme,* 352p. Paris: Albin Michel.

235.	J. Ziegler. (1969). *Sociologie et contestation, essai sur la société mythique.* Paris: Gallimard.

236.	J. Ziegler. (2014). *Les Rebelles contre l'ordre du monde, L'Histoire immédiate, 1997,* 760p. Paris: Le Seuil.

237.	J. Ziegler. (2019). *Le Socialisme arabe,* 92p. Lormont (Gironde): éd. Le Bord de l'eau.

238.	Juan Branco. (2019). *Crépuscule, 264p.* Paris: Points.

239.	J. Ziegler. (1985). *Vive le pouvoir ! Ou les délices de la raison d'Etat,* 270p. Paris: Seuil.

240.	JAN, P. (2008). Les séparations du Pouvoir. *in Constitutions et Pouvoirs, Mélanges Jean Gicquel, Montchrestien, Lextenso éditions*, pp. 255-264.

241.	Jazeera, A. (2023, juin 10). *Les promesses des auteurs du coup d'Etat du 5 septembre 2021 en Guinée.* Récupéré sur Al Jazeera : www.aljazeera.com

242.	Jean Ziegler, D. C.-F. (1976). *Une Suisse au-dessus de tout soupçon, Nouvelle édition 1983,* 24p. Paris: Seuil.

243.	J. Ziegler. (2018). *Le Capitalisme expliqué à ma petite-fille: (en espérant qu'elle en verra la fin), 128p.* Paris: Edi. Seuil.

244.	Jean, Z. (2011). *Destruction massive. Géopolitique de la faim,* 384p. Paris: Le Seuil.

245.	Jean Ziegler. (1998). *Les Seigneurs du crime : les nouvelles mafias contre la démocratie,* 288p. Paris: Editions Seuil.

246.	Jean Ziegler. (2005). *L'Empire de la honte,* 352p. Paris: Éditions Fayard.

247.	Jean Ziegler. (1973). *Le Pouvoir africain, nouvelle édition revue et augmentée, 1979,* 222p. Paris: Seuil.

248. Jean-Christophe, R. (2011). Le temps des paradoxes. La France et l'Afrique, cinquante ans après les indépendances. *Le Débat. 1, n° 163*, pp. 116-125.

249. Jean-François Bayart, A. M. (2007). *Le politique par le bas en Afrique noire, 210p.* Paris: Karthala.

250. JEANNEAU, B. (2000, septembre 3). Chronologie des coups d'Etat. *Revue Sentier, n° 3*.

251. Jean Ziegler. (1980). *Main basse sur l'Afrique, 384p.* Paris: éditions Seuil.

252. Jenkins, G. S. (2009). *L'anti coup d'Etat, Paris, 109 p.* Paris: L'Harmattan.

253. Jenkins, G. S. (2009). *L'anti-coup d'Etat, 112p.* Paris: L'Harmattan.

254. JORGE, M. (2013, juillet 31). Les défis des médiations de l'Union Africaine. *Institut de Recherche et d'Enseignement sur la Paix, Note d'Analyse Politique, n° 9*, 5p.

255. Juvin, H. (2008). *Produire le monde : pour une croissance écologique, 320p.* Paris: Gallimard.

256. Juvin, H. (2010). *Le renversement du monde. Politique de la crise, 272p.* Paris: Gallimard.

257. J. Ziegler. (1983). *les Rebelles. Contre l'ordre du monde, 760p.* Paris: Seuil.

258. K., J. W. (2006). Les zones d'ombre du constitutionnalisme en Afrique. *Revue Juridique et Politique, n° 3, Juris Africa*, pp. 263-307.

259. Kaba, M. (2021). Traité sur problématique du droit des personnes handicapées au travail et à l'emploi. *OHCHR*, 2p.

260. KABA, M. L. (2023, juin 6). Le paradigme des coups-d'Etat en Afrique de l'Ouest. *International Journal of Academic Multidisciplinary Research (IJAMR)*, 12p.

261. Kaba, M.-L. (2023). *La gouvernance des institutions arab-islamiques et leur influence sur le développement des pays africains : le cas du Cameroun.* SOA, 81p. Institut de Gouvernance, des Sciences Humaines et Sociales de l'Université Panafricaine sis à Yaoundé II-SOA.

262. KAMELDY, N. (2008, Octobre). Le putsch militaire en Mauritanie et ses retombées sur la gouvernance démocratique : une analyse. *Open Society Institute and Africa Governance Monitoring & Advocacy Project (AfriMAP)*, 6p.

263. KANE, E. M. (2023). Lecture et relecture du coup d'Etat du 18 février 2010 au Niger. *Document disponible sur www.institutidrp.org/contributionsidrp/Niger-2011.pdf, consulté le 11 juillet,* 22p.

264. Keita, M. (2015). *Autosuffisance alimentaire de la Guinée : Une longue bataille, de 1958 à nos jours, 274p.* Conakry: Harmattan Guinée.

265. Keita, M. (2020). *Vaincre la corruption, 152p.* Conakry: Harmattan Guinée.

266. Keita, S. K. (2014). *La Guinée de sékou touré : Pourquoi la prison du camp Boiro ?, 344p.* Paris: L'Harmattan.

267. Keita, S. T. (2015). *La Guinée victime des guinéens, 106p.* Conakry: Harmattan Guinée.

268. Kelsen, H. (1934). *Théorie pure du droit, trad. fr. Ch. Eisenmann, La pensée juridique, 1999,* 367p. Paris/Bruylant: LGDJ.

269. KENFACK, S. B. (6). *La Charte africaine de la démocratie, des élections et de la gouvernance à l'épreuve des révolutions arabes : L'UA face au dilemme de la démocratie et du constitutionnalisme.* Open Society Institute and Africa Governance Monitoring & Advocacy Project (AfriMAP).

270. KINI, E. K. (2007-2008). *Le chef de l'Etat en Afrique noire francophone : Cas du Bénin, du Cameroun et du Togo, Mémoire de DEA en Droit Public Fondamental, 103p.* Lomé: Université de Lomé.

271. Koffi, A.-.. (2014). Constitution, Démocratie et Pouvoir en Afrique. *in La Constitution béninoise du 11 décembre 1990 : Un modèle pour l'Afrique ?, Mélanges Ahanhanzo-Glèlè, L'Harmattan, Etudes Africaines,* pp. 63-73.

272. Koffi, A.-N. (1985). *Essai de réflexion sur les régimes de faits : cas du Togo, Thèse de Doctorat en Droit, , 846 p.* Poitiers: Université de Poitiers.

273. Koffi, A.-N. (2006). Réflexions critiques sur l'Union Africaine. *Revue Béninoise de Sciences Juridiques et Administratives, n° 16,* pp. 81-103.

274. Koffi, A.-N. (2011). Réflexions sur un tabou du constitutionnalisme négro-africain : Le tribalisme. *in Les voyages du droit, Mélanges Dominique Breillat, Paris, LGDJ,* pp. 19-25.

275. Kokoroko, D. (2003). Souveraineté Etatique et principe de légitimité démocratique. *Revue Québécoise de Droit International, (2003) 16.1,* pp. 37-59.

276. Kokoroko, D. (2009). *Les élections disputées : réussites et échecs », La démocratie en Afrique, Revue Pouvoirs.* Paris: Seuil.

277.   Konaté, A. (2018). L'économie de la Guinée : entre crise et croissance. *Revue Tiers-Monde, vol. 55, n°2*, pp. 129-146.

278.   Konaté, I. (2015). *L'affaire alpha condé vue par un témoin du procès, 294p.* Conakry: Harmattan Guinée.

279.   Konaté, I. K. (2020). *La détention arbitraire d'alpha condé : Rétablir la vérité, 136p.* Conakry: Harmattan Guinée.

280.   Konate, M. G. (2015). *Les rampants : suivi de "La condition" .Recueil de nouvelles, 56p.* Bamako: Éditions Jamana.

281.   KOUASSI, Y. (2013, juillet 11). Les coups d'Etat militaires, d'hier à aujourd'hui. *Tribune, n°464, 21 janvier 2014*, 6p.

282.   Kouassi, Y. (2014, janvier 21). Les coups d'Etat militaires, d'hier à aujourd'hui, n°464. *Tribune*, 6p.

283.   Koulemou, K. (2022). *Vivre ensemble et en paix en Guinée : Quelles solutions ?, 146p.* Conakry: Harmattan Guinée.

284.   KPEDU, Y. A. (2011, janvier-juin). La problématique de l'alternance au pouvoir dans le débat constitutionnel africain. *Revue Togolaise des Sciences juridiques, n°0000*, pp. 66-81.

285.   KPODAR, A. (2011). Prolégomènes à une virée constitutionnelle en Afrique noire francophone : Une approche de théorie juridique. *in Les voyages du droit, Mélanges Dominique Breillat, Paris, LGDJ*, pp. 331-340.

286.   Kpodar, A. (2023). Bilan sur un demi-siècle de constitutionnalisme en Afrique noire francophone. *Revue électronique Afrilex, Document disponible sur www.afrilex.u-bordeau4.fr et consulté le 11 juillet*, 33p.

287.   Krzysztof Pomian, D. R. (1990). *La querelle du déterminisme. Philosophie de la science d'aujourd'hui*, 301p. Paris: Gallimard.

288.   L. Favoreu, P. G.-L. (2019). *Droit constitutionnel.* Paris: Dalloz.

289.   Lacombe, J.-M. (2022). *Le business de la démocratisation et la technique du coup d'Etat (Inter-National), 116p.* Paris: Editions L'Harmattan.

290.   Lebeau André. (2008). *l'enfermement planétaire, 304p.* Paris: Gallimard.

291.   LECOUTRE, D. (2004, Eté). Le Conseil de paix et de sécurité de l'Union africaine, clef d'une nouvelle architecture de stabilité en Afrique ? *Afrique Contemporaine*, pp. 131-162.

292.   Leroux, G. (2023). *Le coup d'Etat de Chéribibi, 344p.* Paris: Culturea.

293.   Levade, M. G.-M. (2023). *La France dans le mnde : perte d'influence ou regain d'activisme ?, 208p.* Paris: La Documentation française.

294.	Lévy-Bruhl, H. (1938). *Le concept juridique de révolution. Introduction à l'étude du droit comparé. Recueil d'études en l'honneur d'Édouard Lambert, 162p.* Paris: LGDJ.

295.	Lewin, A. (2012). *Ahmed Sékou Touré, 1922-1924: président de la Guinée de 1958 à 1984. 1956-1958, 273p.* Paris: L'Harmattan.

296.	Lisa Chauvet, F. G.-S. (2019). *Les migrants, acteurs des changements politiques en Afrique ?, 243p.* Louvain-la-Neuve: De Boeck Supérieur.

297.	Loada, A. (2003, juin). La limitation du nombre de mandats présidentiels en Afrique francophone, n° 3. *Revue électronique Afrilex*, pp. 139-174.

298.	Locke, J. (1959). *An essay concerning human understanding.* New York: Douvres.

299.	Lonseny-Fall, F. (2012). *Guinée l'aurore d'une démocratie, 88p.* Paris: L'Harmattan.

300.	LOPES, D. (2013, janvier-juin). Médiations politiques africaines « par le haut » : analyse empirique et essai de théorisation. *Perspectives Internationales, n° 3*, pp. 55-69.

301.	Luttwak, E. (1969). *Le Coup d'Etat : manuel pratique, 300p.* Paris: Robert Laffont.

302.	M._Foucault. (1993). *Surveiller et punir. Naissance de la prison, 360p.* Paris: Éditions Gallimard.

303.	M.Foucault. (2004). *Sécurité, territoire, population, 456p.* Paris: Editions du Seuil.

304.	M.Weber. (1964). *L'Ethique protestante et l'Esprit du capitalisme, 285p.* Paris: Plon.

305.	Machiavel, N. (1532). *Le Prince.* Florence: Antonio Blado d'Asola, 320p.

306.	Maffesoli, M. (2021). *L'ère des soulèvements, 181p.* Paris: Les éditions du Cerf.

307.	Magnan, P. (2018, Octobre 5). *Rédaction Afrique.* Récupéré sur Franceinfo: https://www.francetvinfo.fr

308.	Malaparte, C. (2022). *La Technique du coup d'Etat, 216p.* Paris: Éditions Grasset.

309.	Malberg, R. C. (1922). *Contribution à la théorie générale de l'Etat, 1526p.* Paris: CNRS.

310.   MAMBO, P. (2012). Les rapports entre la constitution et les accords politiques dans les Etats africains : Réflexion sur la légalité constitutionnelle en période de crise. *Revue de Droit de McGill, 57 : 4*, pp. 921-952.

311.   Marin, G. N. (2022). *Considérations politiques sur les coups d'Etat, 365p.* Paris: Pocket.

312.   MARTIN, A. C. (2008). La pérennisation du chef de l'Etat : L'enjeu actuel pour les constitutions d'Afrique francophone. *in Démocratie et liberté : tension, dialogue, confrontation, Mélanges Slobodan Milacic, Bruxelles, Bruylant,* pp. 349-380.

313.   Martin, M.-L. (1990). *Le soldat africain et le politique : essai sur le militarisme et l'Etat prétorien au sud du Sahara, 234 p.* Toulouse: Presses de l'IEP.

314.   Martinolli, C. (2018). *Corps d'Etat: L'intégrale (Corps d'Etat · Thriller d'action et d'espionnage), 344p.* Paris: Sur Kindle Scribe (Amazon).

315.   Max Pagès, J. B.-M. (2003). *La violence politique, 232p.* Toulouse: ÉRÈS ÉDITIONS & FORMATION.

316.   MBEMBE, A. (2000, octobre). Entre coups d'Etat, élections reportées et mouvements sociaux. Esquisses d'une démocratie à l'africaine. *Le Monde Diplomatique*, 21p.

317.   Mbembe, A. (2018). *Politiques de l'inimitié, 200p.* Paris: Editions La Découverte.

318.   MBODJ, E. H. (1991). *La succession du chef d'Etat en droit constitutionnel africain (Analyse juridique et impact politique), Thèse de Doctorat en Droit, 29 juin, 532 p.* Dakar: Université Cheikh Anta Diop de Dakar.

319.   Medard, J.-F. (1991). *(sous la dir.), Etats d'Afrique noire ; Formation, mécanismes et crises, 405 p.* Paris: Karthala.

320.   Mendras, H. (1992). *La fin des paysans ; suivi d'une réflexion sur la fin des oaysans vingt-ans après, 446p.* Arles: Actes Sud.

321.   Menga, G. (2000). *Congo, la transition escamotée, 218p.* Paris: Editions L'Harmattan.

322.   M-Foucault. (1994). *Histoire de la sexualité, 248p.* Paris: Gallimard.

323.   Migani, G. (2012). Sékou Touré et la contestation de l'ordre colonial en Afrique sub-saharienne, 1958-1963. *Monde(s) 2012/2 (N° 2)*, pp. 257-273.

324.   MILACIC, S. (2008). L'Etat de droit, pour quoi faire ? L'Etat de droit comme logistique d'une bonne gouvernance démocratique. *in Constitutions et Pouvoirs, Mélanges Jean Gicquel, Paris, Montchrestien, Lextenso éditions.*

325.   MINDUA, A. (1994, juin). L'ONU face aux coups d'Etat militaires et aux gouvernements non-démocratiques, Tomé 6. *Revue Africaine de Droit International et Comparé, n° 2*, pp. 209-234.

326.   Mitterrand, F. (2010). *Le Coup d'Etat permanent, 1er édition, 256p.* Paris: Les Belles Lettres.

327.   Moffa, C. (1995). *L'Afrique à la périphérie de l'Histoire, 386p.* Paris: L'Harmattan.

328.   Moniot, C. C.-V. (2005). *L'Afrique noire, de 1800 à nos jours, 506p.* Paris: Presses Universitaires de France.

329.   More, T. (1516). *L'Utopie. coll. «GF», 1987, 248p.* Paris: Flammarion.

330.   Mosse, G. L. (2003). *La révolution fasciste vers une théorie générale du fascisme, 272p.* Paris: Seuil.

331.   Mosse, G. L. (2003). *La Révolution fasciste. Vers une thérorie générale du fascisme, 272p.* Paris: Seuil.

332.   Moukoko, P. E. (2023). *Afrique : les gâchis français, 637p.* Paris: Sinope éditions.

333.   Mounk, Y. (2019). *Le Peuple contre la démocratie, 528p.* Paris: Le Livre de Poche.

334.   MOYRAND, A. (1991, juin). Réflexions sur l'introduction de l'Etat de droit en Afrique noire francophone. *Revue Africaine de Droit International et Comparé, Volume 3, n° 2*, pp. 251-275.

335.   MPIANA, J. K. (2012). L'Union Africaine face à la gestion des changements anticonstitutionnels de gouvernement. *Revue Québécoise de Droit International*, pp. 101-141.

336.   Ministère de la Santé de Guinée. (2021). *Guinée : l'incidence du coup d'Etat sur les services sociaux .* Conakry: Ministère de la Santé de Guinée.

337.   Bruno Jobert et Pierre Muller. (1987). *L'Etat en action, 242p.* Paris: PUF.

338.   Muratet, L. (2012). *Un nouveau monde en marche, de Laurent Muratet et Étienne Godinot. Collectif avec entre autres Akhenaton, Christophe André, Stéphane Hessel (préface), Jean-Marie Pelt, Pierre Rabhi, Matthieu Ricard.* Gap: éd. Yves Michel.

339.   Myrdal, G. (1969, janvier-mars). L'Etat mou dans les pays sous-développés. *Revue Tiers Monde, X.*

340.   NAREY, O. (1990, décembre 11). La participation du citoyen à la protection de la Constitution : Cas de la Constitution du 11 décembre 1990. *La Constitution béninoise du 11 décembre 1990 : Un modèle pour l'Afrique ?,*

Mélanges Maurice Ahanhanzo-Glèlè, L'Harmattan, Etudes Africaines, pp. 607-647.

341.   NATCHABA, O. F. (1988, janvier-mai). La succession constitutionnelle du chef de l'Etat dans les régimes africains. *Penant (Revue de droit des pays africains), n°796, EDIENA*, pp. 5-42.

342.   News, B. (2023, juin 10). *Coup d'Etat en République de Guinée.* Récupéré sur BBC News: www.bbc.co.uk

343.   NGARHODJIM, N. F. (2007, mai). Charte africaine de la démocratie, des élections et de la gouvernance : Une analyse critique. *Open Society Institute and Africa Governance Monitoring & Advocacy Project (AfriMAP)*, 7p.

344.   NGUEMA, I. (1992, avril-juin). La démocratie, l'Afrique et le développement. *Revue Juridique et Politique, Indépendance et Coopération, n° 2, Juris Africa et Fenenon Delabrière*, pp. 129-162.

345.   Nguidjol, A. (2008). *Platon : le procès de la démocratie africaine, 122p.* Paris: L'Harmattan.

346.   Nguidjol, A. (2023). *Métapolitiuqe africaine : Une contribution à la renaissance de la pensée, 178p.* Paris: L'Harmattan.

347.   Nguini, E. M. (2016). La gouvernance politique et institutionnelle du Cameroun à l'épreuve de la démocratie pluraliste : de la démocratisation janus. *Enjeux*, pp. 5-10.

348.   Nlandu, P. G. (2019). *Les démocratures en Afrique noire: Une étude des pathologies de la démocratie en Afrique centrale - Les cas du Gabon, du Congo et de la R.D.C (Études africaines), 166p.* Paris: Editions L'Harmattan.

349.   Noussy, E. H. (2022). *Les élections en Guinée : Autopsie de la mécanique des fraudes 1958-2020, 144p.* Paris: L'Harmattan.

350.   Nouzille, V. (2010). *Dans le secret des présidents. CIA, Maison-Blanche, Elysée : les dossiers confidentiels de 1981-2010, 594p.* Paris: Fayard - les liens qui libèrent (LLL).

351.   Ntalaja, N. (2003). *Gouvernance et développement, 344p.* Oslo: FAFO.

352.   NYONG'O, P. A. (1988). Instabilité démocratique et perspectives de démocratie en Afrique, n° 3, 53ème année. *Politique étrangère*, pp. 589-601.

353.   ODINKALU, C. A. (2008, janvier). A propos du Kenya : Position actuelle de l'UA sur les changements anticonstitutionnels de gouvernement. *Open Society Institute and Africa Governance Monitoring & Advocacy Project (AfriMAP)*, 4p.

354. Organisation Internationale de l'Education. (2021). *L'impact du coup d'Etat sur l'éducation en Guinée.* Conakry: Organisation internationale de l'éducation, 5p.

355. Olson, M. (2018). *Logique de l'action collective, 222p.* Bruxelles: Université de Bruxelles.

356. Omanyundu, J.-J. W. (2023). *L'essentiel de la sociologie politique militaire africaine: Cas des différents régimes prétoriens au Congo-Kinshasa, 505p.* Kinshasa: Sur Kindle Scribe.

357. P._Bourdieu. (1992). *Les règles de l'art, 576p.* Paris: Points.

358. P.Bourdieu. (1980). *Questions de sociologie, 288p.* Paris: Les Éditions de minuit.

359. PABANEL, J.-P. (1984). *Les coups d'Etat militaires en Afrique noire, 190 p.* Paris: L'Harmattan.

360. Pabanel, J.-P. (1985). *Les coups d'Etat militaires en Afrique noire, 190p.* Paris: édi. L'Harmattan.

361. Pareto, V. (1896-1897). *Cours d'economie politique.* Lausane: Presses Universitaires de Sciences Po.

362. Parsons, T. (1952). *The Social System, 444p.* New York: The Free Press of Glencoe.

363. Pascot, P. (2021). *Mensonges d'Etat, 288p.* Paris: Max Milo.

364. Pascot, P. (2021). *Pilleurs d'Etat, 309p.* Paris: Max Milo.

365. Paugam Serge. (1997). *La Disqualification sociale. Essai sur la nouvelle pauvreté, "Quadrige".* 256p. Paris: PUF.

366. Paugam, S. (2005). *Les formes élémentaires de la pauvrété, 296p.* Paris: Presses Universitaires de France.

367. Pauthier, C. (2021). Familles dans la tourmente de la répression politique en Guinée (1958-1984). *20 & 21. Revue d'histoire, v.3 , N°151*, pp. 65-78.

368. Pascal Boniface. (2023). L'Afrique est entrée dans la mondialisation. Les relations internationales expliquées à tous. *Comprendre le monde ,* pp. 189-198.

369. Piaget, J. (1975). *L'équilibration des structures cognitives : problème central du développement,* 178p. Paris: PUF.

370. Platon. (2022). *La République de Platon, 284p.* Paris: Les Belles Lettres.

371. Plattner, H. e. (1996). *(sous la dir.), Le rôle de l'armée en démocratie 243 p.* Paris: Nouveaux Horizons.

372.   PNUD. (2023, juillet 2). *Instabilité politique en République de Guinée.* Récupéré sur Programme des Nations Unies pour le développement : www.gn.undp.org

373.   Polanyi, K. (2009). *La Grande Transformation: Aux origines politiques et économiques de notre temps, 476p.* Vienne: Gallimard.

374.   Popovic, S. (2015). *Comment faire tomber un dictateur quand on est seul, tout petit, et sans armes, Traduction de Françoise Bouillot, 287p.* Paris: Éditions Payot.

375.   Poussou, A. (2022). *Guinée Les véritables raisons d'un coup d'Etat inique : Comment le président Alpha Condé est-il devenu un homme à abattre ?, 120p.* Paris: Edilibres.

376.   Poussou, A. (2022). *Guinée-les véritables raisons d'un coup d'Etat inique : Comment le président Alpha Condé est-il devenu un homme à abattre ?, 124p.* Paris: Edilibres.

377.   Prélot, M. (1975). *Institutions politiques et droit constitutionnel, 6e éd.* 894p. Paris: Dalloz.

378.   Proudhon, P.-J. (2013). *La Révolution sociale démontrée par le coup d'Etat du 2 décembre. 2e édition, 290p.* Paris: Hachette Livre BNF.

379.   Quantin, P. (1999). L'Afrique Centrale Dans la Guerre: Les Etats-Fantômes Ne Meurent Jamais. *African Journal of Political Science Vol.4, pp.* 106-125.

380.   R. Dumont. (1986). *Pour l'Afrique, j'accuse.* 330p. Paris: Plon, « Terre humaine ».

381.   R-0076. (2023, novembre 17). *Chronologie de la Guinée (19522010).* Récupéré sur France 24: https://icsid.worldbank.org/sites/default/files

382.   Rabelais, F. (1534). *Gargantua.* Lion: Editions des Quatre Chemins, 320p.

383.   RAKOTOARISOA, J.-E. (2002, avril-septembre). 1991-2002 : Le difficile apprentissage de la démocratie. *Afrique Contemporaine, n° 202-203,* pp. 15-25.

384.   Rapport. (2023, juin 10). *Comprendre et appréhender la notion de « vivre ensemble » dans un espace collectif.* Récupéré sur Rapport gratuit.com: https://www.rapport-gratuit.com/author/pfe-exemple/

385.   Reinach, J. (1921). NAPOLÉON III ET LA PAIX. *Revue Historique,* pp. 161-219.

386.   Renan, E. (2011). *Qu'est-uen nation ?, 128p.* Paris: Flammarion.

387.   Reuters. (2023, juin 3). *Les promesses des auteurs du coup d'Etat du 5 septembre 2021 en Guinée.* Récupéré sur Reuters: www.reuters.com

388.   Riccardo Ciavolella, M. F. (2009). Entre démocratisation et coups d'Etat. Hégémonie et subalternité en Mauritanie. *Politique africaine, V.2, N° 114*, pp. 5 -23.

389.   Rivière, C. (1971). *Mutations sociales en Guineée, 418p.* Paris: Institut québécois des hautes études internationales.

390.   Rocher, G. (1972). *ntroduction à la sociologie générale - 3 volumes - 1. L'action sociale - 2. L'organisation sociale - 3. Le changement social (complet en 3 tomes).* Paris: Editions HMH et Editions du Seuil , Points Sciences Humaines.

391.   Rocher, G. (1973). *Le Québec en mutation, 345p.* Montréal: Les Éditions Hurtubise HMH ltée.

392.   Rousseau, J.-J. (1762). *Du contrat social,* 256p. Amsterdam: Marc-Michel Rey.

393.   S.BOLLE. (2005, juin). Des constitutions « made in » Afrique. *Communication au VIe Congrès français de droit constitutionnel, Montpellier*, 24p.

394.   SADA, H. (2003). Le conflit ivoirien : enjeux régionaux et mécanisme de la paix en Afrique. *Politique étrangère, n° 2*, pp. 321-334.

395.   Said, M. B. (2009). *La Guinée en marche : Mémoires inédits d'un changement, Vol 2 : un pas en avant, un pas en arrière, 382p.* Paris: L'Harmattan.

396.   Said, M. B. (2010). *La transition préméditée, 104p.* Conakry: Harmattan Guinée.

397.   Sankara, T. (2017). *Liberte contre le destin, 476p.* Paris: Syllepse.

398.   SAUNGWEME, S. (2007, mai). Un regard critique sur la Charte africaine de la démocratie, des élections et de la gouvernance. *Open Society Institute and Africa Governance Monitoring & Advocacy Project (AfriMAP)*, 6p.

399.   Savane, A. O. (2017). *La Guinée locomotive des indépendances africaines, 104p.* Dakar: Harmattan Sénégal.

400.   Sawadogo, R. W. (2014). Résistance et démocratisation en afrique. Entretien avec Rodrigue W. Sawadogo. *Cahiers philosophiques, 1 n° 136*, pp. 100-112.

401. Schmidt, É. (2012). *La tristesse des abandons. Souvenirs d'une femme pasteur dans la guerre d'Algérie, 1958-1963, 272p.* Malakoff (Hauts-de-Seine): Armand Colin.

402. SEDAMINOU, A. K. (2004-2005). *L'Union Africaine face aux changements anticonstitutionnels de gouvernement en Afrique, Mémoire de DEA en Droit Public Fondamental, 89 p.* Lomé: Université de Lomé.

403. Serge Paugam. (2000). *Le Salarié de la précarité. Les nouvelles formes d'intégration professionnelle, 725p.* Paris: Presses Universitaires de France.

404. Serge-Paugam. (2007). *Repenser la solidarité. L'apport des sciencs sociales (dir), "Le lien social", 980p.* Paris: PUF.

405. Sharp, G. (2009). *De la dictature à la démocratie : Un cadre conceptuel pour la libération, 140p.* Paris: L'Harmattan.

406. Sidler, R. (2009). Mutation sociale. *in: Dictionnaire historique de la Suisse (DHS),* 3p.

407. Siegle, J. (2022). Les coups d'Etat en Afrique et le rôle des acteurs extérieurs. *Centre d'Etudes Stratégiques de l'Afrique,* 4p.

408. Simmel, G. (1999). *Sociologie. Etudes sur les formes de la socialisation, "Sociologies", 768p.* Paris: PUF.

409. Simone Raffaele. (2010). *Le monstre doux. L'Occident vire-t-il à droite ? 184p.* Paris: Gallimard.

410. SOMA, A. (2014). Le statut du juge constitutionnel africain. *in La Constitution béninoise du 11 décembre 1990 : Un modèle pour l'Afrique ?, Mélanges Maurice Ahanhanzo-Glèlè, L'Harmattan, Etudes Africaines,* pp. 451-480.

411. SOUARE, I. (2010). *Les partis politiques de l'opposition en Afrique de l'Ouest et leur quête pour le pouvoir d'Etat : Les cas du Bénin, du Ghana et de la Guinée, Thèse de Doctorat en Droit, juin, 302 p.* Montréal: Université du Québec à Montréal.

412. Souaré, I. K. (2007). *Guerres civiles et coups d'Etat en Afrique de l'Ouest, comprendre les causes et identifier des solutions possibles, juin, 294 p.* Paris: L'Harmattan.

413. Souare, I.-K. (2007). *Guerres civiles et coups d'Etat en Afrique de l'Ouest : Comprendre les causes et identifier des solutions possibles, 294p.* Paris: L'Harmattan.

414. Souare, I.-K. (2007). *Guerres civiles et coups d'Etat en Afrique de l'Ouest: Comprendre les causes et identifier des solutions possibles, 294p.* Paris: Editions L'Harmattan.

415.   Soumah, J. (2013). *Les résignés de la République de Guinée-Conakry, 40p.* Paris: Mon petit Editeur.

416.   Spencer, H. (2015). *L'Individu contre l'Etat, 112p.* Paris: Ligaran Eds.

417.   Spinoza. (2016). *Traité théologico-politique,* 384p. Paris: PUF.

418.   StrategiCo. (2007). *Guinée Conakry 2008 (Notes de conjoncture), 98p.* Paris: Editions L'Harmattan.

419.   SY, D. (2014). De quelques dispositions atypiques dans les constitutions africaines. *in La Constitution béninoise du 11 décembre 1990 : Un modèle pour l'Afrique ?, Mélanges Maurice Ahanhanzo-Glèlè, L'Harmattan, Etudes Africaines,* pp. 273-283.

420.   TAVARES, P. F. (2004, janvier). Désintégration des souverainetés nationales : Pourquoi tous ces coups d'Etat en Afrique ? *Le Monde Diplomatique,* pp. 16-17.

421.   Tavares, P. F. (2004, janvier). Désintégration des souverainetés nationales. Pourquoi tous ces coups d'Etat en Afrique ? *Le Monde diplomatique,* pp. 16-17.

422.   TCHEUWA, J.-C. (2009). « L'Union africaine et les changements anticonstitutionnels de gouvernement », Droit prospectif. *Revue de la Recherche Juridique, Vol.34, n° 127,* pp. 995-1022.

423.   Tchirkov, V. (2012). *La Guinée face au handicap : La problématique des déficiences motrices à Conakry, 246p.* Paris: L'Harmattan.

424.   TCHIVOUNDA, G. P. (2004, avril-juin). Le rôle de la société civile dans l'établissement de l'Etat de droit, n° 2, 2004. *Revue Juridique et Politique,* pp. 142-151.

425.   TEHINDRAZANARIVELO, D. L. (2004). Les sanctions de l'Union Africaine contre les coups d'Etat et autres changements anticonstitutionnels de gouvernement : Potentialités et mesures de renforcement. *Annuaire Africain de Droit International, Vol. 12,* pp. 255-308.

426.   Tellenne, C. (2023). *Géopolitique des matières premières, 128p.* Paris: La Documentation française.

427.   Tertrais, B. (2023). *La guerre des mondes : Le retour de la géopolitique et le choc des empires, 280p.* Paris: L'observatoire.

428.   Thiriot, C. (2008). La place des militaires dans les régimes post-transition d'Afrique subsaharienne : la difficile resectorisation. *Revue internationale de politique comparée, 1, Vol. 15,* pp. 15-34.

429.	THIRIOT, C. (2008). La place des militaires dans les régimes post-transition d'Afrique subsaharienne : La difficile resectorisation. *Revue Internationale de Politique Comparée, Volume 15, n° 1*, pp. 15-34.

430.	Tilly, S. T. (2012). *Politique (s) du conflit : De la grève à la révolution, 484p*. Paris: Presses de Sciences Po.

431.	Tixier, G. (1965). La personnalisation du pouvoir dans les Etats de l'Afrique de l'Ouest. *RDP*, pp. 1129-1150.

432.	Tompapa, A. R. (1999). *Conakry : porte de la Guinée, 144p*. Paris: Edicef.

433.	Touré, A. S. (1958). Disours du 25 Août, Conakry, 6p.

434.	Touré, H. A. (2023). *Ma vie auprès d'Ahmed Sékou Touré, 284p*. Conakry: Editions L'Harmattan.

435.	Trinquand, D. (2023). *Ce qui nous attend : L'effet papillon des conflits mondiaux, 240p*. Partis: Robert Laffont.

436.	UN. (2023, juillet 4). *Coup d'Etat en République de Guinée*. Récupéré sur United Nations: www.un.org

437.	UNDP. (2023, juin 2). *Coup d'Etat en République de Guinée*. Récupéré sur United Nations Development Programme: www.undp.org

438.	Vandal, A. (1907). *L'avènement de Bonaparte. I : La Genèse du Consulat. Brumaire. La constitution de l'an VIII.II : La République consulaire, 1800, 500p*. Paris: Plon.

439.	VERDIER, M.-F. (2008). La démocratie sans et contre le peuple. De ses dérives. *in Démocratie et liberté : tension, dialogue, confrontation, Mélanges Slobodan Milacic, Bruxelles, Bruylant*, pp. 1073-1101.

440.	VIGNON, Y. (2011). Le coup d'Etat en Afrique noire francophone. *in Les voyages du droit, Mélanges Dominique Breillat, Paris, LGDJ*, pp. 613-620.

441.	Vircoulon, V. M. (2019). Vers un retour de l'autoritarisme en Afrique ? *Politique étrangère 2019/2 (Été)*, pp. 9-23.

442.	Voltaire. (1759). *Candide ou l'Optimisme, 160p*. Genève: Priceps.

443.	Weber, M. (1959). *Le Savant et le Politique, préface de Raymond Aron et traduction par Julien Freund, 224p*. Paris: Plon.

444.	Weber, M. (2003). *Economie et société, tome 1 : Les Catégories de la sociologie, 410p*. Paris: Pocket.

445.	Wialliamson, M. D. (2023). Les coups d'Etat en Afrique. *VAO Afrique*, 8p.

446. Yabi, G. (2008). Guinée-Conakry : unis pour le pouvoir d'achat. *Alternatives Internationales 2008/6, n°39*, 40p.

447. Yacouba, H. (2012). Guerres et conflits identitaires en Afrique : nécessité d'un dialogue interculturel. *Cités 2012/4 (n° 52)*, pp. 127-138.

448. Zbigniew Brzeziński. (1971). *La révolution technétronique*, 391p. Paris: Calmann-Lévy.

449. Zbiniew Brzeziński. (2008). *L'Amérique face au monde : Quelle politique étrangère pour les Etats-Unis, 310p.* Paris: Pearson.

450. Zartman, W. (1995). *L'effondrement de l'Etat. Désintégration et restauration du pouvoir légitime.* Paris/New York: Nouveaux Horizons.

451. Zbigniew, B. (1977). *Illusions dans l'équilibre des puissances.* Paris: L'Herne.

452. J. Ziegler. (1988). *La Victoire des vaincus, oppression et résistance culturelle*, 246p. Paris: Seuil.

453. J. Ziegler. (2016). *Chemins d'espérance, Ces combats gagnés, parfois perdus mais que nous remporterons ensemble*, 247p. Paris: éd. Seuil.

454. Ziegler, J. (2014). *Retournez les fusils ! Manuel de sociologie d'opposition*, 309p. Paris: Seuil.

455. Ziegler, J. (1994). *Le Bonheur d'être Suisse*, 320p. Paris: Seuil et Fayard.

456. Ziegler, J. (1964). *Sociologie de la nouvelle Afrique.* Paris: Gallimard.

457. Ziegler, J. (1973). *Les vivants et la mort ; Essai de sociologie, Nouvelle édition revue et augmentée.* Paris: Seuil.

458. Ziegler, J. (1979). *Le Pouvoir africain*, 222p. Paris: Seuil.

459. Zimmerman, S. (2017). Apatridie et décolonisation : Les tirailleurs sénégalais guinéens et la Guinée de Sékou Touré. *Les Temps Modernes 2017/2-3 (n° 693-694)*, pp. 111-145.

460. Thomas Znaniecki et William Issac. (1998). *Le Paysan polonais en Europe et en Amérique. Récit de vie d'un migrant*, 446p. Paris: Nathan Université.

461. Zogbelemou, T. (2007). *Elections en Guinée : Technologie électorale et imbroglio juridique, 238p.* Paris: L'Harmattan.

462. Zounmenou, D. (2021, Septembre 24). La Guinée peut-elle éradiquer les coups d'Etat de sa culture politique ? *Institut d'études de sécurité.*

Ouvrages de l'auteur

1. Mohamed Lamine KABA, *Comment atteindre la souveraineté alimentaire en Guinée ?* , 30 juin 2020, Editions Universitaires Européennes, 72p.
2. Mohamed Lamine KABA, *Études Monographiques et Historiques du village Doura: La Généalogie des Traoré* , 30 juin 2020, Editions Universitaires Européennes, 96p.
3. Mohamed Lamine KABA, *Intervention militaire Russe en Ukraine : quelle leçon pour l'Afrique ? : Reflexe sur l'intégration régionale africaine à l'ère des opérations militaires spéciales de la Russie en Ukraine*, 10 juillet 2023, Editions Universitaires Européennes, 68p.
4. Mohamed Lamine KABA, *La dynamique institutionnelle arabo-islamique : La Gouvernance des Institutions Arabo-islamiques et leur influence sur le développement des pays africains*, 07 juin 2024, Editions Universitaires Européennes, 172p.
5. Mohamed Lamine KABA, *Devenir Machiavel en 11 Jours : guide pratique pour apprendre les stratégies et techniques de Machiavel*, 30 août 2024, Editions Vie, 61p.

Table des matières

Buy your books fast and straightforward online - at one of world's fastest growing online book stores! Environmentally sound due to Print-on-Demand technologies.

Buy your books online at
www.morebooks.shop

Achetez vos livres en ligne, vite et bien, sur l'une des librairies en ligne les plus performantes au monde!
En protégeant nos ressources et notre environnement grâce à l'impression à la demande.

La librairie en ligne pour acheter plus vite
www.morebooks.shop

Printed by Books on Demand GmbH, Norderstedt / Germany